Tobias Schöneich

Wirtschafts-Supermacht „Deutscher Mittelstand"

So investieren Sie mit dem Mittelstands-Depot in die deutschen Gewinner von morgen

Bibliografische Information der Deutschen Bibliothek
Die Deutsche Bibliothek verzeichnet diese Publikation
in der Deutschen Nationalbibliografie;
detaillierte bibliografische Daten sind im Internet
über http://dnb.ddb.de abrufbar

Impressum
Mittelstands-Depot © 2020 by GeVestor Financial Publishing Group
Theodor-Heuss-Straße 2-4 · 53177 Bonn
Telefon +49 228 955 0185 · Telefax: +49 228 3696010

mittelstands-depot@gevestor.de · www.gevestor.de
Chefredakteur: Tobias Schöneich (V.i.S.d.P.)
Satz & Layout: ce redaktionsbüro, Heinsberg
Cover: md3d/fotolia und Max Diesel/fotolia

GeVestor ist ein Unternehmensbereich
der Verlag für die Deutsche Wirtschaft AG
Vorstand: Richard Rentrop · USt.-ID: DE 812639372
Amtsgericht Bonn, HRB 8165
© Verlag für die Deutsche Wirtschaft AG.
Alle Rechte vorbehalten.
Druck: Beltz Bad Langensalza GmbH, Bad Langensalza

ISBN 978-3-8125-2616-6

Nachdruck, Weitergabe und sonstige Reproduktionen nur mit Genehmigung des Verlags. „Mittelstands-Depot" wird ausschließlich vom Verlag für die Deutsche Wirtschaft AG vertrieben, der alle Rechte an diesem Dienst innehat.

Risikohinweis: Die Informationen basieren auf Quellen, die wir für zuverlässig halten. Die Angaben erfolgen nach sorgfältiger Prüfung, jedoch ohne Gewähr! Für die angemessene Platzierung von Kauf- und Verkaufsaufträgen ist der Nutzer allein verantwortlich. Gute Ergebnisse in der Vergangenheit garantieren keine positiven Resultate in der Zukunft. Aktienanlagen sowie Hebel- und Terminmarktinstrumente (Optionsscheine, Optionen, Hebelzertifikate, Futures, Mini-Futures) bieten höhere Chancen auf Gewinne, aber zugleich die Gefahr extrem hoher Verluste, die im negativsten Fall bis zum Totalverlust der investierten Mittel führen können. Daher wird ausdrücklich davon abgeraten, Anlagemittel nur auf wenige Empfehlungen zu konzentrieren. Der Anteil einzelner Werte/Finanzinstrumente sollte – je nach Risikoeinschätzung – maximal 1 bis 5% der für Tradinganlagen überhaupt vorgesehenen Mittel betragen. Mehr als 15 bis 25% Ihres auf aktienorientierte Anlagen ausgerichteten Depotanteils sollten Sie auf keinen Fall insgesamt unter kurzfristigeren, weniger als 6 Monate umfassenden, Tradinggesichtspunkten anlegen. Disclaimer: Alle an der Erstellung der Ausgabe beteiligten Mitarbeiter und Redakteure unterliegen der strengen der BAFIN vorliegenden Compliance des Verlages. Nur unter den darin gemachten Auflagen ist es diesen Personen erlaubt, die empfohlenen Werte selber zu handeln.

Inhalt

Vorwort   7

Teil 1
Die Erfolgsstrategie des „Mittelstands-Depots"   9

Abgrenzung zwischen Standard- und Nebenwerten   10
Abgrenzung zwischen Large, Mid und Small Caps   11
Sind Nebenwerte Aktien aus der 2. Börsen-Liga?   11
Warum wir auf Nebenwerte setzen   13
Wir setzen nur auf ausgewählte Nebenwerte   15
Darum setzen wir auf Familienunternehmen   16
Musterfall Fielmann   18

Teil 2
So finden Sie den richtigen Broker für Ihre Wertpapiergeschäfte   23

Welcher Nutzertyp sind Sie?   24
Die wichtigsten Kostenfaktoren im Zusammenhang
   mit der Wahl eines Brokers   26

Teil 3
Die Schritt-für-Schritt-Anleitung: So funktioniert Ihr erster Aktienkauf   31

Schritt 1: Registrieren Sie sich bei einem Online-Broker   32
Schritt 2: Melden Sie sich mit Ihren persönlichen
   Zugangsdaten auf der Homepage Ihres Online-Brokers an   33
Schritt 3: Füllen Sie die Ordermaske aus   35
Schritt 4: Geben Sie Ihre Tan-Nummer ein   38
Schritt 5: Schicken Sie Ihre Order jetzt an die Börse   39

Teil 4
Die richtige Orderart für Ihren Aktienkauf   **41**

Die Market-Order   43
Die Limit-Order   43
Die Stop-Buy-Order   44
Die Stop-Loss-Order   44
Die O.C.O.-Order   45
Die If-Done-Order   45
Die Trailing-Stop-Order   46

Teil 5
Die Order: Welcher Handelsplatz
für Sie der richtige ist   **47**

Elektronische Börse oder Präsenzbörse?   48
Die elektronische Börse Xetra   49
Die Frankfurter Wertpapierbörse   50
Die Börse Stuttgart (EUWAX)   52
Die Börse Hamburg-Hannover   53
Die Börse München   53
Die Börse Düsseldorf   54
Die Börse Berlin   55
Meine Tipps zur Wahl des Börsenplatzes   55

Teil 6
Welche Aktien des „Mittelstands-Depots"
Sie zuerst kaufen sollten und
wie danach vorzugehen ist   **57**

So bauen Sie Ihr Depot Schritt für Schritt auf   58

**Teil 7
Die 10 gefährlichsten Fehler
rund um den Kauf von Aktien**   **61**

Fehler Nummer 1: Sie investieren einseitig   62
Fehler Nummer 2: Sie „verlieben" sich in eine Aktie   63
Fehler Nummer 3: Sie verzichten komplett
auf Stop-Loss-Marken   64
Fehler Nummer 4: Sie „verbilligen" Ihren Einstiegskurs   65
Fehler Nummer 5: Sie haben über zwei Dutzend
Papiere im Depot   65
Fehler Nummer 6: Sie nehmen „Geheimtipps" ernst   66
Fehler Nummer 7: Sie kaufen leichtfertig „Trend-Aktien"   67
Fehler Nummer 8: Sie vertrauen Ihrem Bank-„Berater"   67
Fehler Nummer 9: Sie kaufen, wenn alle kaufen   68
Fehler Nummer 10: Sie investieren Geld, das Sie
eigentlich zum Leben brauchen   69

**Teil 8
Die wichtigsten Aktienkennzahlen**   **71**

Kurs-Gewinn-Verhältnis (KGV)   72
Kurs-Cashflow-Verhältnis (KCV)   73
Price-Earning to Growth-Ratio (PEG)   74
Kurs-Umsatz-Verhältnis (KUV)   75
Kurs-Buchwert-Verhältnis (KBV)   76
Dividendenrendite   76

Über den Chefanalyst   **78**

Über den Verlag   **80**

Vorwort

Liebe Leser,

ich freue mich, dass Sie sich dazu entschieden haben, gemeinsam mit mir in die „heimlichen" Mittelstands-Gewinner aus Deutschland, Österreich und der Schweiz zu investieren. In diesem Ihnen jetzt vorliegenden Handbuch möchte ich Ihnen zunächst erläutern, warum wir auf Mittelstands-Aktien – also auf sogenannte Nebenwerte – setzen und nicht auf Aktien von Großkonzernen (sogenannte „Blue Chips" oder Standardwerte).

Tobias Schöneich
Chefredakteur
„Mittelstands-Depot"

Im zweiten Schritt möchte ich Ihnen dann vermitteln, warum ich innerhalb der Nebenwerte (Aktien von kleinen und mittelgroßen Unternehmen) auf ganz besondere Aktien setze, die ich mithilfe von bestimmten Auswahlkriterien herausfiltere.

Daraufhin erfahren Sie, wie Sie den für Ihre Bedürfnisse besten Online-Broker finden, wie Sie Schritt für Schritt Ihre erste Aktie kaufen, welche unterschiedlichen Order-Arter es gibt und wo Sie Ihre Orden am sinnvollsten platzieren.

Weiterhin erfahren Sie, welche Aktien Sie innerhalb des „Mittelstands-Depots" zuerst kaufen sollten.

Abgerundet wird dieses Handbuch schließlich mit der Warnung vor den aus meiner Sicht 10 gefährlichsten Fehlern im Zusammenhang

Vorwort

mit dem Kauf von Aktien. Außerdem stelle ich Ihnen die besten Aktienkennzahlen für Ihre Aktienauswahl vor.

Zu guter Letzt wünsche ich Ihnen viel Vergnügen bei der Lektüre dieses Handbuchs und uns allen bereits an dieser Stelle erfolgreiche Börsengeschäfte!

Tobias Schöneich
Chefredakteur „Mittelstands-Depot"

Teil 1
Die Erfolgsstrategie des „Mittelstands-Depots"

Teil 1

Im ersten Teil dieses Buches stelle ich Ihnen die Erfolgsstrategie vor, die ich im Rahmen des „Mittelstands-Depots" anwende. Wir werden uns jetzt Schritt für Schritt durch meine Auswahlkriterien arbeiten.

Abgrenzung zwischen Standard- und Nebenwerten

Aktiengesellschaften werden häufig anhand ihres Börsenwertes (Marktkapitalisierung) in verschiedene Größenkategorien eingeteilt.

Die Schwergewichte, die in den großen Länderindizes wie DAX oder Dow Jones gelistet sind, werden als Standardwerte, Large Caps oder Blue Chips bezeichnet. Die Bezeichnung „Blue Chip" ist auf die Verbreitung von blauen Jetons (Chips) bei Pokerspielen in Casinos zurückzuführen, da diese stets den höchsten Wert haben.

Aktien von Unternehmen mittleren Börsenwertes werden als Mid Caps bezeichnet. Dazu zählen beispielsweise die Aktien aus dem deutschen MDAX. Darauf folgen die Aktien von Unternehmen mit geringer Marktkapitalisierung, wie sie beispielsweise im SDAX vorzufinden sind. Diese werden auch Small Caps genannt.

Mid Caps und Small Caps zusammen werden als Nebenwerte bezeichnet. Cap ist dabei eine Abkürzung für das englische Wort Capitalization (deutsch: Kapitalisierung) und bezieht sich in diesem Zusammenhang auf die Marktkapitalisierung eines Unternehmens.

Die Erfolgsstrategie des „Mittelstands-Depots"

Abgrenzung zwischen Large, Mid und Small Caps

Es gibt keine exakte Definition, wann eine Aktie als Blue Chip oder Nebenwert gilt. International hat sich jedoch diese grobe Einteilung als Faustformel durchgesetzt:

- Large Cap: Marktkapitalisierung von 10 Milliarden € und mehr;

- Mid Cap: Marktkapitalisierung von 4 bis 10 Milliarden €;

- Small Cap: Marktkapitalisierung von 100 Millionen bis 4 Milliarden €.

Sind Nebenwerte Aktien aus der 2. Börsen-Liga?

Neulich fragte mich ein Bekannter, ob es sich beim MDAX und dem SDAX nur um die 2. und 3. „Börsenliga" handelt, da im Zusammenhang mit dem DAX gelegentlich von der 1. Börsenliga gesprochen wird. Meine Antwort lautete, dass es auf die Qualität und nicht auf die Größe ankommt.

Trotzdem werden Sie sich jetzt vielleicht die Frage stellen, ob es nicht besser ist, nur in Aktien aus dem DAX – also aus der 1. Börsenliga – zu investieren?

DAX-Werte bieten Ihnen sicherlich einige Vorteile: Sie sind z. B. liquider (können also an der Börse leichter gehandelt werden) und

Teil 1

auch die Informationsbeschaffung ist einfacher, da die großen Werte stärker im Fokus der Medien und von Analysten stehen.

Doch genau daraus entsteht auf der anderen Seite ein Vorteil für Nebenwerte. Denn: Viele Banken haben sich selbst seit Ausbruch der Finanz- und Schuldenkrise eine Art „Schrumpfkur" verpasst, in Folge derer die bankeigenen Research-Abteilungen verkleinert oder sogar ganz gestrichen wurden.

Das bedeutet, dass es immer weniger Aktienanalysten gibt. Dadurch werden immer weniger kleine Aktiengesellschaften (Nebenwerte) von Analysten begutachtet. Das ist gut für Sie, denn: Wenn es weniger Analysten gibt, die den Markt unter die Lupe nehmen, haben Sie als Privatanleger viel bessere Chancen, echte „Schnäppchen" am Aktienmarkt zu finden. Sehen Sie sich dazu bitte die folgende Abbildung an.

Durchschnittliche Anzahl von Analysten je Einzeltitel

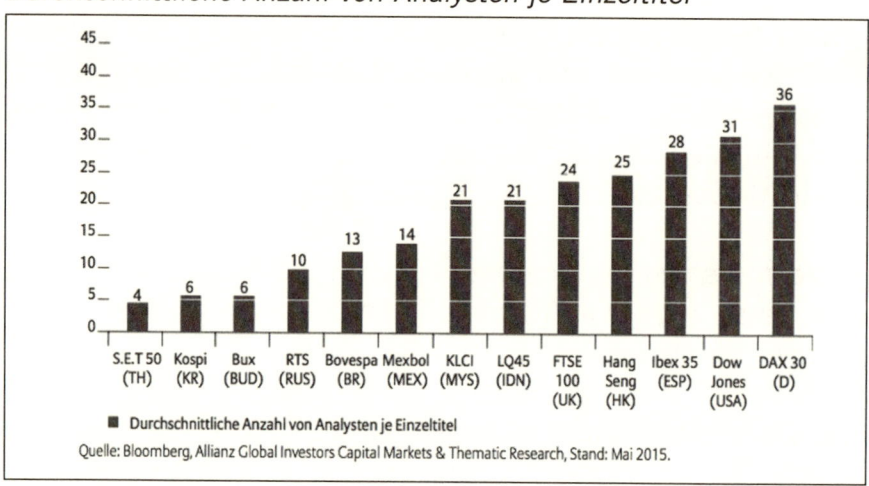

Quelle: Bloomberg, Allianz Global Investors Capital Markets & Thematic Research, Stand: Mai 2015.

Die Erfolgsstrategie des „Mittelstands-Depots

Sie sehen anhand der Abbildung, dass ein DAX-Unternehmen von mehr als dreimal so vielen Analysten unter die Lupe genommen wird wie ein im deutschen Nebenwerteindex SDAX gelistetes Unternehmen. Daraus können sich erhebliche Chancen ergeben, denn dieser Umstand bietet die Möglichkeit, in „unentdeckte" Perlen zu investieren, die in Sachen Wertentwicklung die Standardwerte weit hinter sich lassen. Mehr dazu gleich.

Warum wir auf Nebenwerte setzen

Viele Unternehmen, die als Nebenwerte gelten, sind in ihrer jeweiligen Nische Marktführer und verdienen dort bestens. Daher bieten Nebenwerte im Vergleich zu Standardwerten oft überproportionale Wachstumsraten. Außerdem gelten mittelgroße Nebenwerte als ideale Übernahmekandidaten, da sie an den Börsen oft zwischen 1 und 10 Milliarden € kosten und somit gut finanzierbare Übernahmeziele sind. Im Falle einer Übernahme winken Ihnen als Aktionäre hohe Gewinne.

Im Vergleich zu den Nebenwerten sind die großen Standardwerte zumeist schwerfälliger, denn ab einer gewissen Größe wird ein signifikantes Wachstum sehr schwierig. Viele der Standardwerte aus dem DAX haben die besten Wachstumsjahre schon hinter sich.

Auch leiden die größten Indizes – und die darin enthaltenen Blue Chips – oftmals unter sogenannten Index-Investoren. Wenn ein internationaler Investor heutzutage beispielsweise den gesamten deutschen Aktienmarkt abdecken will, kauft er einen Index-Fonds auf den DAX. Bei schlechter Marktlage wird dann auch gleich der

Teil 1

„ganze Index" verkauft. Das führt dazu, dass häufig viele DAX-Unternehmen im Gleichklang laufen und gute Meldungen nicht mehr so stark belohnt werden. Es gibt also eine Art „Sippenhaft".

Ein weiterer interessanter Aspekt, der vor allem in bestimmten Marktphasen für Nebenwerte spricht, wird in einer Studie von Allianz Global Investors aufgedeckt. Aus dieser Studie ergibt sich, dass Nebenwerte vor allem im Vorfeld erwarteter Zinserhöhungen besser abschneiden als die großkapitalisierten Unternehmen.

Sehen Sie sich hierzu bitte die nachfolgende Abbildung an, die aus der schon angesprochenen Studie von Allianz Global Investors stammt und eindrucksvoll verdeutlicht, dass Nebenwerte in den vergangenen rund 10 Jahren eine klare Outperformance im Vergleich zu Standardwerten erzielten. Anders ausgedrückt: Die Rendite mit Nebenwerten lag deutlich über der Rendite mit Standardwerten.

Small Caps als Performancetreiber

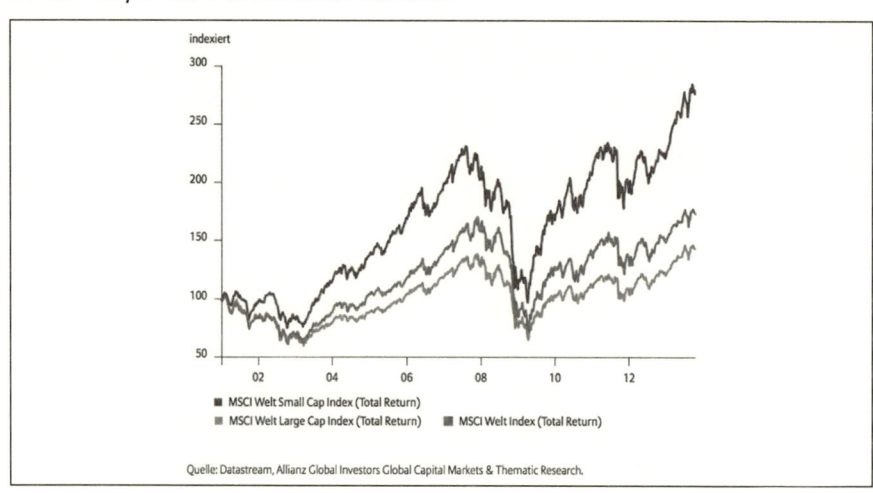

Die Erfolgsstrategie des „Mittelstands-Depots"

Wir setzen nur auf ausgewählte Nebenwerte

Im Rahmen des Börsendienstes „Mittelstands-Depot" konzentrieren wir uns auf Investments in Nebenwerte. Die wichtigsten Gründe dafür, habe ich gerade schon vorgestellt. Nun möchte ich meinen Investmentansatz noch etwas konkretisieren.

Aus der großen Masse an Nebenwerten in Deutschland, Österreich und der Schweiz suche ich für Sie die Unternehmen heraus, die bestimmte Kriterien erfüllen.

Kurz zusammengefasst: Ich setze auf Unternehmen, die zum Großteil in Familienbesitz sind, eine solide Bilanz aufweisen und von der breiten Öffentlichkeit weitestgehend unentdeckt sind. Zudem sind die Unternehmen, auf die wir im Rahmen des „Mittelstands-Depots" setzen, in einer Nische entweder Weltmarktführer oder zumindest die Nummer 2 oder 3.

Unternehmen, welche die gerade genannten Kriterien erfüllen, werden auch als „Hidden Champions" bezeichnet, was im Deutschen soviel heißt wie „heimliche Gewinner". Der Begriff „Hidden Champions" charakterisiert vor allem relativ unbekannte, kleine, mittelständische Unternehmen, die in ihrem Tätigkeitsbereich dennoch Weltmarktführer sind oder zumindest zu den Top 3 zählen.

An dieser Stelle habe ich ein Schaubild für Sie, was Ihnen verdeutlichen soll, warum ich vor allem in Deutschland auf der Suche nach „Hidden Champions" bin.

Teil 1

Die heimlichen Gewinner

Hidden Champions

- Arbeitsplätze: 20% Großunternehmen, 80% Kleine u. mittlere Unternehmen
- Medienpräsenz: 16,2% / 83,8%

Hidden Champions insgesamt weltweit: 2734

- Deutschland: 1307
- USA: 366
- Japan: 220
- Österreich: 116
- Schweiz: 76
- Italien: 68
- Frankreich: 49
- China: 7
- Großbritannien
- Schweden
- Israel

Quelle: Wachstum D, Simon Kucher & Partners © DW

Die Abbildung zeigt, dass fast die Hälfte aller weltweiten „Hidden Champions" aus Deutschland stammt. Wie Sie weiterhin sehen können, belegen Österreich und die Schweiz die Plätze 4 und 5.

Bei der Auswahl der Werte für das „Mittelstands-Depots" bauen wir zusätzlich noch auf ein weiteres Kriterium, das uns sehr wichtig ist: Wir setzen auf Familienunternehmen. Das bedeutet, dass mindestens 25% der Aktien der Unternehmen, auf die wir setzen, im Besitz der Gründerfamilie sein müssen. Warum dieses Kriterium so wichtig ist, erfahren Sie im nächsten Abschnitt.

Darum setzen wir auf Familienunternehmen

Wir setzen deshalb auf Familienunternehmen, weil Aktien von Familienunternehmen weniger volatil sind als „herkömmliche" Aktien

Die Erfolgsstrategie des „Mittelstands-Depots

von Unternehmen, die von eingekauften Fremd-Managern geführt werden. Ein Grund dafür ist, dass inhabergeführte Familienunternehmen über einen Großaktionär verfügen, der mindestens 25% der Stimmrechte hält. Dieser Großaktionär wirkt wie ein stabiler Anker. Er hält in guten und in schlechten Zeiten am Aktienpaket fest. Andere Investoren dagegen kaufen oder verkaufen Aktien je nach Börsenstimmung.

Häufig sind die Familienunternehmer zusätzlich im Vorstand oder Aufsichtsrat aktiv. Somit handelt es sich bei den Entscheidern gleichzeitig um die Profiteure der Entscheidungen. Soll heißen: Dieser Umstand führt zu einer langfristig ausgerichteten Strategie.

Die Unternehmenslenker und Haupteigentümer der Baumarktkette Hornbach fassen diese Philosophie wie folgt zusammen: „Wir denken nicht quartalsweise, sondern in Generationen." Diese Einstellung wird auch dadurch deutlich, dass die Eigentümer meist länger im Unternehmen bleiben als externe Manager. Für sie ist es nicht nur ein Job, sondern ihr Lebenswerk.

Ein langfristiger Vergleich zwischen Familienunternehmen und dem Euro Stoxx 50 (umfasst die 50 größten börsennotierten Unternehmen Europas) zeigt, dass die Familienunternehmen fast immer bessere Renditeergebnisse liefern. Aktien von inhabergeführten Unternehmen sind also nicht nur weniger volatil, sondern auch renditestärker als „herkömmliche" Aktien.

Ein weiterer Pluspunkt für Familienunternehmen ist, dass diese im Schnitt über eine überdurchschnittlich hohe Eigenkapitalquote verfügen. Bei den 50 größten europäischen familiengeführten Unter-

Teil 1

---

nehmen liegt die Eigenkapitalquote im Durchschnitt bei 45%. Zum Vergleich: Im Euro Stoxx 50, einem Index, in dem die 50 größten europäischen Unternehmen vertreten sind, liegt die Eigenkapitalquote derzeit nur bei 37%.

Sie sehen also: Inhabergeführte Unternehmen schwanken an der Börse weniger stark und liefern Ihnen gleichzeitig bessere Gewinn-Aussichten.

**Musterfall Fielmann:
Wie das Familienunternehmen den DAX innerhalb der letzten 15 Jahre mehr als abgehängt hat**

Nachdem ich Ihnen die Vorteile meines Investment-Ansatzes in der Theorie recht ausführlich dargelegt habe, möchte ich Ihnen jetzt noch einen Musterfall vorstellen, der Ihnen verdeutlichen soll, dass meine Strategie auch absolut praxistauglich ist. Es handelt sich dabei um die Aktie eines Unternehmens, das Sie zumindest mehrheitlich kennen dürften. Das Unternehmen, welches hinter der Aktie steckt, ist der deutsche Brillenhändler Fielmann.

Fielmann: Ein Kurzportrait

Im September 2014 feierte der Fielmann-Gründer Günter Fielmann seinen 75. Geburtstag. Im Jahr 1981 begann der gelernte Optiker damit, sich das aufzubauen, was inzwischen nicht mehr anders bezeichnet werden kann als ein Brillen-Imperium.

Die Erfolgsstrategie des „Mittelstands-Depots

Sein Erfolgsgeheimnis ist so einfach wie genial: Er lässt qualitativ hochwertige Brillen in großen Stückzahlen produzieren und verkauft diese günstiger als die Konkurrenz. Dabei waren die Anfänge von Fielmann noch sehr bescheiden. Nach dem Berufsstart als Angestellter eröffnete Fielmann 1972 im Alter von 33 Jahren im niedersächsischen Cuxhaven sein erstes Optikergeschäft.

Steil bergauf ging es, nachdem Fielmann einen auf den ersten Blick langweiligen Deal mit der Krankenkasse AOK eingefädelt hatte. Doch dieser Deal – den ich Ihnen gleich kurz beschreibe – legte den Grundstein für das heutige Brillen-Imperium des Günter Fielmann.

Zum Deal mir der AOK: Fielmann handelte mit der AOK in Essen einen Vertrag aus, bei dem es um den Verkauf modischer Kassenbrillen auf Rezept ging. Fielmann nahm dadurch die riesige Zielgruppe der Kassenpatienten ins Visier. Plötzlich konnten AOK-Versicherte zwischen 90 zeitgemäßen Brillentypen wählen – zum Nulltarif. Damit war der Grundstein des riesigen Erfolges von Fielmann gelegt.

Diesen riesigen Erfolg möchte ich Ihnen jetzt anhand der Entwicklung der wichtigsten Geschäftszahlen von Fielmann aus den vergangenen 10 Jahren verdeutlichen. Auf der folgenden Seite sehen Sie die Unternehmenszahlen in einer Übersicht. (*Die Zahlen für 2015 sind Schätzungen.)

Teil 1

	2007	2008	2009	2010	2011	2012	2013	2014	2015	2016*
Umsatz in Mio. €	839	903	953	994	1.053	1.107	1.157	1.226	1.300	1.378
Gewinn in Mio. €	79	111	111	118	122	130	142	162	170	168
Umsatzwachstum in %	5,8	7,6	5,5	4,3	6,0	5,1	4,5	6,0	6,0	6,0
Gewinnwachstum in %	10,1	39,9	0,4	6,0	3,4	6,5	9,5	14,4	4,9	-1,5
Eigenkapitalquote in %	70,9	71,5	75,1	76,4	75,8	75,8	74,3	75,2	74,9	75,1
Dividende je Aktie in €	0,70	0,98	1,00	1,20	1,25	1,35	1,45	1,60	1,75	1,90

*Die Zahlen für 2016 sind Schätzungen

Nachdem Sie gerade schwarz auf weiß die sehr positive Entwicklung der Fielmann-Geschäftszahlen der vergangenen 10 Jahre sehen konnten, wird anhand des folgenden Charts deutlich, dass natürlich auch der Kurs der Fielmann-Aktie von der äußerst positiven Geschäftsentwicklung nicht unberührt blieb.

15-Jahres-Chart: Fielmann versus DAX

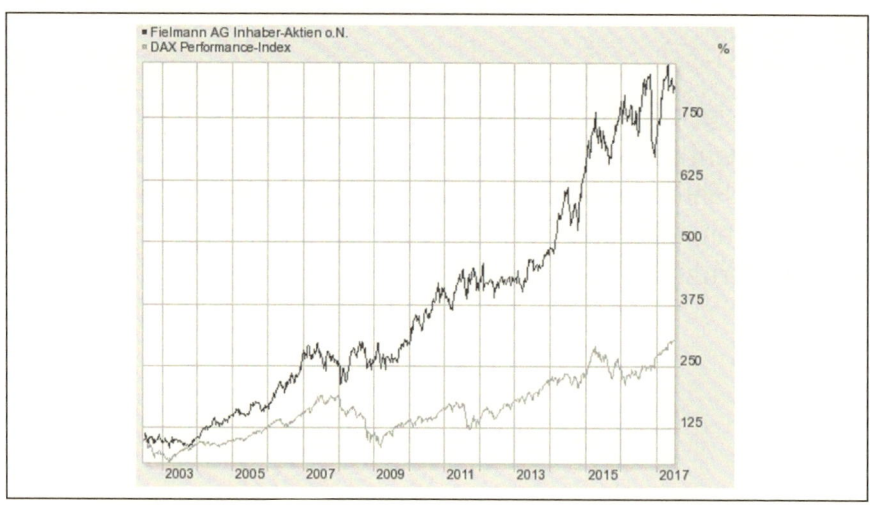

Die Erfolgsstrategie des „Mittelstands-Depots

Der Chart vergleicht die Wertentwicklung des DAX mit der Wertentwicklung der Fielmann-Aktie in den vergangenen 15 Jahren. Es ist deutlich zu erkennen, dass die Fielmann-Aktie den DAX, der sich ebenfalls nicht unerfreulich entwickelte, locker hinter sich gelassen hat. Wenn Sie jetzt noch berücksichtigen, dass der DAX ein sogenannter Performance-Index ist, der neben der Wertentwicklung auch die Dividenden berücksichtigt, fällt der Punktsieg für die Fielmann-Aktie noch deutlicher aus. Denn: Die im Chart dargestellte Wertentwicklung der Fielmann-Aktie beinhaltet keine Dividenden.

Und über genau solche Kursverläufe und Wertentwicklungen werden auch Sie als Leser des „Mittelstands-Depots" sich demnächst freuen können.

Nachdem Sie nun die Strategie des „Mittelstands-Depots" kennengelernt haben, möchte ich Ihnen im nächsten Kapitel zeigen, wie Sie den für Sie persönlich besten Online-Broker finden.

Teil 2
So finden Sie den richtigen Broker für Ihre Wertpapiergeschäfte

Teil 2

Immer wieder höre ich von Lesern, dass sie mit der Suche nach dem richtigen Online-Broker überfordert sind. Kein Wunder: Denn auch wenn es zahlreiche Broker-Vergleiche im Netz gibt, will man sich nicht unbedingt blind darauf verlassen. Ich sage Ihnen: Richtig so!

Diese Vorsicht sollten Sie beibehalten. Denn ein Online-Vergleich im Netz gibt allerhöchstens etwas Orientierung. Die entscheidenden Punkte bei der Broker-Wahl für Sie persönlich können Sie gar nicht online finden. Der einfache Grund: Welcher Broker für Sie der richtige ist, hängt in erster Linie von Ihrem eigenen Nutzerverhalten ab. Und das kennen nun einmal nur Sie selbst. Daher ist der erste Schritt auf dem Weg zu dem für Sie persönlich besten Broker die Beantwortung der folgenden Frage:

Welcher Nutzertyp sind Sie?

Typ „häufige Order": Ordern Sie häufig Wertpapiere, so ist es wichtig, einen Broker zu wählen, der günstige Transaktionsgebühren anbietet. Wenn Sie hingegen selten nur eine Kauf- oder Verkauf-Order aufgeben, ist dieser Punkt für Sie nicht so wichtig.

Typ „auslandsaktiv": Haben Sie viele Auslandsaktien, sollten Sie darauf achten, dass Sie Ihr Depot nicht bei einer Bank unterhalten, die zum Beispiel für den „Kapitaltransfer" von Dividenden ins Inland Geld verlangt. Oder noch extremer: Einige „Billig-Broker" bieten die Möglichkeit, in Auslandsbörsen zu investieren gar nicht erst an. Prüfen Sie daher vor der Depot-Eröffnung, über welche Auslandsbörsen Sie mit dem Broker handeln können und wie hoch die Kostenbelastung ist.

So finden Sie den richtigen Broker für Ihre Wertpapiergeschäft

Typ „Stop-Loss": Wenn Sie Ihre Positionen gern mit Stop-Loss-Marken absichern, kann das für Sie unter Umständen richtig teuer werden. Denn manche Broker erheben Gebühren auch auf unausgeführte Orders. In diesem Fall müssen Sie für die Absicherung tief in die Tasche greifen. Andere Broker bieten diesen Service dagegen gratis an. Ein Hinweis: Ich arbeite mit Stop-Loss-Marken höchstens im Zusammenhang mit Hebelpapieren. Aus meiner Sicht macht der Einsatz von festen Stop-Loss-Marken bei Aktien von kleinen und mittelgroßen Unternehmen keinen Sinn.

Denn: Die vergleichsweise kleine Liquidität bei diesen Aktien (die Aktien werden weniger häufig gehandelt als beispielsweise die Aktien aus dem DAX) führt dazu, dass Sie ohnehin nicht unbedingt den Kurs bekommen, den Sie mittels Ihrer Stop-Loss-Marke festgelegt haben. Ein weit verbreiteter Irrglaube im Zusammenhang mit Stop-Loss-Marken ist, dass Sie automatisch den Preis erhalten, bei dem Sie Ihre Stop-Loss- Marke platziert haben. Dem ist jedoch nicht so.

Ein Beispiel: Der Kurs der Aktie notiert bei 50 € und Sie setzen Ihre Stop-Loss-Marke bei 45 € – also genau 10% unterhalb des aktuellen Kurses. Wenn es dann zu einem Crash kommt und der Kurs der Aktie fällt, bedeutet Ihre Stop-Loss-Marke, die bei 45 € liegt, lediglich, dass ab dieser Marke ein automatischer Verkauf ausgeführt wird. Wenn aber der nächste nachgefragte Kurs erst bei 40 € liegt, erhalten Sie auch nur 40 € je Aktie und nicht 45 €.

Denn: An der Borse herrscht stets das Prinzip von Angebot und Nachfrage. Dieses Prinzip lasst sich auch nicht durch den Einsatz einer Stop-Loss-Marke aushebeln. Sie sehen also: Im Falle eines

Teil 2

schnellen Kurseinbruchs schützt Sie auch nicht eine zuvor gesetzte Stop-Loss-Marke. Ein aktiv ausgeführter Verkauf in einem Zwischenhoch bringt Ihnen dann mehr Geld. Im „Mittelstands-Depot" prüfe ich zunächst alle relevanten Kriterien und schicke Ihnen dann eine Verkaufsmeldung mit allen wichtigen Fakten, damit Sie reibungslos aussteigen konnen.

Typ „Hauptversammlung": Manche Broker verlangen für die Bestellung und das Zusenden der Karten für die Hauptversammlung Geld. Wenn Sie also gern Hauptversammlungen besuchen, sollten Sie einen Broker wählen, der die Bestellung der Eintrittskarten kostenlos oder vergleichsweise günstig anbietet.

Damit Sie bei der Broker-Auswahl in keine Kostenfalle tappen, ist das Preis- und Leistungsverzeichnis Ihres Brokers für Sie absolute Pflichtlektüre. Und auch hier gilt die Faustregel: Wichtig sind vor allem die Preise der Leistungen, die Sie besonders oft in Anspruch nehmen. Daher ist es so wichtig, dass Sie sich im Vorfeld bewusst machen, welche Ansprüche Sie haben bzw. welche Kriterien für Sie persönlich besonders wichtig sind.

Die wichtigsten Kostenfaktoren im Zusammenhang mit der Wahl eines Brokers

Depotführung: Kosten für die Depotführung brauchen Sie sich nicht aufbrummen zu lassen. Aber vor allem Filialbanken verlangen diese (aus teilweise verständlichen Gründen) immer noch. Dagegen gibt es viele Online-Banken mit kostenfreien Depots. Wenn Sie ohnehin „nur" online handeln, sollten Sie einen günstigen Online-Broker nutzen.

So finden Sie den richtigen Broker für Ihre Wertpapiergeschäft

Benötigen Sie hingegen einen telefonischen Ansprechpartner oder einen Berater, den Sie in einer Filiale aufsuchen können, ist ein reiner Online-Broker für Sie nicht geeignet. Für diesen zusätzlichen Service müssen sie allerdings zahlen.

Unausgeführte Wertpapierorders: Ein wichtiger Kostenpunkt sind auch die Ordergebühren. Diese sollten Sie immer im Hinterkopf haben. Achten Sie darauf, ob der Broker, den Sie auswählen, für unausgeführte Orders monatliche Gebühren erhebt. Denn das kann richtig teuer für Sie werden, vor allem bei Stop-Loss-Orders.

Ein Tipp: Viele Broker bieten inzwischen die Möglichkeit an, an den Börsen Stuttgart und München eine sogenannte „Trailing Stop-Loss-Marke" zu setzen. Hier ist das Stop-Loss-Limit nicht fix, sondern steigt mit steigendem Kurs. Ob der Abstand dieses Limits zum Kurs des betreffenden Wertpapiers prozentual immer gleich bleibt oder einen festen Abstand in Euro hat, können Sie selbst bestimmen.

Ordergebühren für Fondssparpläne und Ausgabeaufschläge bei Fondsanteilen: Was diesen Posten betrifft, lohnt sich ebenfalls ein genauer Vergleich. Es gibt Broker mit geradezu unverschämten Gebühren – und andere, die Sparpläne sehr günstig anbieten. Für Ausgabeaufschläge bei Fonds gilt: Wer Fonds über die Börse kauft statt direkt bei der Fondsgesellschaft, spart sich den Ausgabeaufschlag. Mit diesem Tipp können Sie auf einen Schlag bis zu 5% der Anlagesumme sparen.

Orderänderungen und -Streichungen: Stellen Sie sich bei der Broker-Wahl immer die Frage: Verlangt der Broker Geld für Änderungen oder Streichungen der Order? Diese Frage ist aus folgenden Gründen ent-

Teil 2

scheidend: Nicht jede Order wird sofort ausgeführt. Ist zum Beispiel ein Limit zu niedrig gesetzt und der Kurs fällt nicht unter das angegebene Limit, wird die Order nicht ausgeführt. Bevor der Kurs dann zum Beispiel weiter steigt, ohne dass Sie schon investiert sind, ist es eventuell ratsam, das Limit zu erhöhen oder gar zu streichen. Dafür sollten Sie nach Möglichkeit nichts bezahlen müssen.

Entgelte für Gutschriften ausländischer Dividenden: Haben Sie ausländische Aktien und/oder Fonds im Depot? Wenn ja, sollten Sie hier besonders aufpassen. Denn es gibt Broker, die für jede Ausschüttung und den Kapitaltransfer vom Ausland nach Deutschland extra Geld verlangen. Das kann für Sie einen hohen Kostenpunkt darstellen, wenn Sie viel im Ausland investieren und diesen Aspekt bei der Broker-Auswahl nicht beachtet haben.

Entgelte für die Teilnahme an Hauptversammlungen: Nicht selten kommt es vor, dass Aktionäre auch an den Hauptversammlungen von Unternehmen teilnehmen möchten, deren Aktionäre sie sind. Wenn Ihnen dieser Punkt wichtig ist, sollten Sie darauf achten, dass die Bestellung der Karten für die Hauptversammlung bei Ihrem Broker kostenlos ist oder zumindest nicht allzu viel kostet. Sie sollten unbedingt im Vorfeld prüfen, wie viel Ihr Broker dafür verlangt. Denn ansonsten kann es zu bösen (Kosten-)Überraschungen kommen.

Entgelte für Sonder-Services: Auch andere Leistungen lassen sich die Online-Broker gut bezahlen. Häufig fallen zusätzliche Gebühren für Telefon- und Faxaufträge an. Oder auch der postalische Versand von Nachweisen, Belegen, Erträgnisaufstellungen und Steuerbescheinigungen kann für Sie einen zusätzlichen Kostenaufwand bedeuten.

So finden Sie den richtigen Broker für Ihre Wertpapiergeschäft

Fazit: Es gibt nicht den einen besten Broker für alle Anleger(-typen)

Bis hierhin sollte Ihnen vor allem eines klar geworden sein: Es gibt nicht den einen besten Broker für alle Anleger. Diese Zusammenfassung ist sehr wichtig. Denn: Häufig werde ich gefragt, welches denn der meiner Meinung nach beste Broker wäre oder welchen Broker ich denn persönlich nutzen würde, weil der bestimmt besonders gut ist.

Die Frage, die Sie sich stellen sollten, muss aber lauten: Welcher Broker ist für mich selbst der beste?

Teil 3
Die Schritt-für-Schritt-Anleitung:
So funktioniert Ihr erster Aktienkauf

Teil 3

Viele Anleger und Börseninteressierte gehen immer noch fälschlicherweise davon aus, dass der Börsenhandel über einen Online-Broker kompliziert ist. Das ist keineswegs der Fall. Ich möchte Ihnen an dieser Stelle beispielhaft beschreiben, wie Sie in nur 5 Schritten einfach und unkompliziert eine Kauf- oder Verkauf-Order bei einem Online-Broker Ihrer Wahl platzieren können.

Schritt 1:
Registrieren Sie sich bei einem Online-Broker

Bevor Sie einen Online-Broker nutzen können, müssen Sie sich erst bei einem registrieren. Dies ist bei den mir bekannten Online-Brokern zwar sehr einfach und selbsterklärend – kostet aber anfänglich ein wenig Zeit. Sie sollten sich für diesen Vorgang daher unbedingt etwas mehr Ruhe nehmen.

Wenn Sie vor dem Registrierungsvorgang fragen haben, bestehen zumeist mehrere Möglichkeiten, um diese vorab zu klären: Sie können entweder eine telefonische Hotline nutzen, Ihre Fragen per E-Mail stellen oder zunächst ein kostenloses Infopaket per Post anfordern.

Teilweise besteht auch die Möglichkeit, über einen Chat auf der Homepage des Brokers Ihre Fragen direkt an zuständige Service-Mitarbeiter zu stellen. Nachdem Sie alle offenen Fragen geklärt und sich bei dem Online-Broker Ihrer Wahl registriert haben, geht es weiter mit dem zweiten Schritt.

Die Schritt-für-Schritt-Anleitung: So funktioniert Ihr erster Aktienkauf

Schritt 2:
Melden Sie sich mit Ihren persönlichen Zugangsdaten auf der Homepage Ihres Online-Brokers an

Gehen Sie zunächst auf „Mein Konto", „Persönlicher Bereich" oder ähnlich benannte Bereiche, die Ihnen die Möglichkeit geben, sich mit Ihren persönlichen Zugangsdaten bei Ihrem Broker anzumelden. Nachdem Sie dann Ihre Zugangsdaten (die Sie mit dem Begrüßungsschreiben des Online-Brokers erhalten) eingegeben haben, landen Sie in der Regel durch das Klicken von „Login" in Ihrem persönlichen Depot-Bereich.

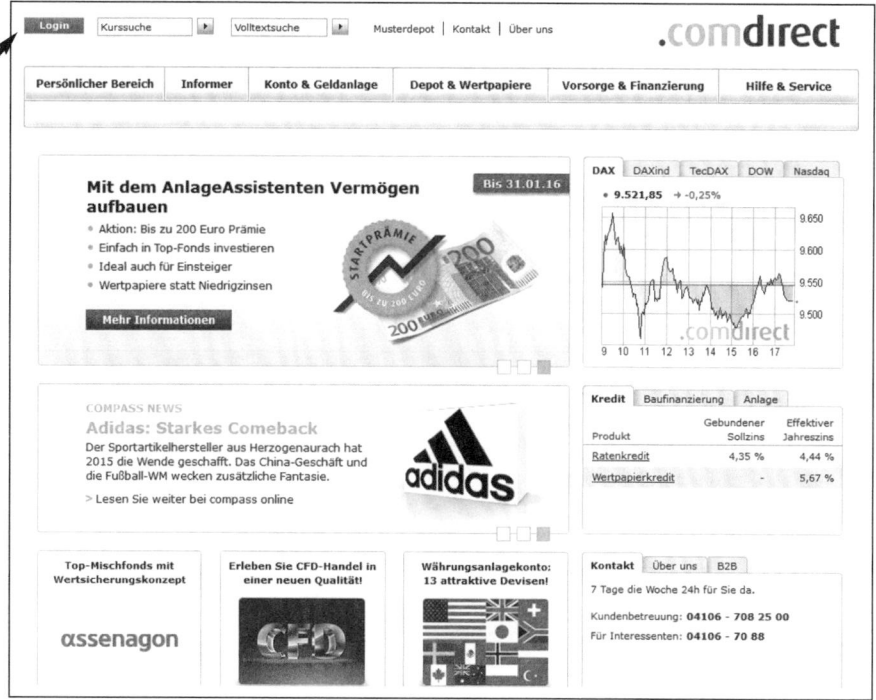

Teil 3

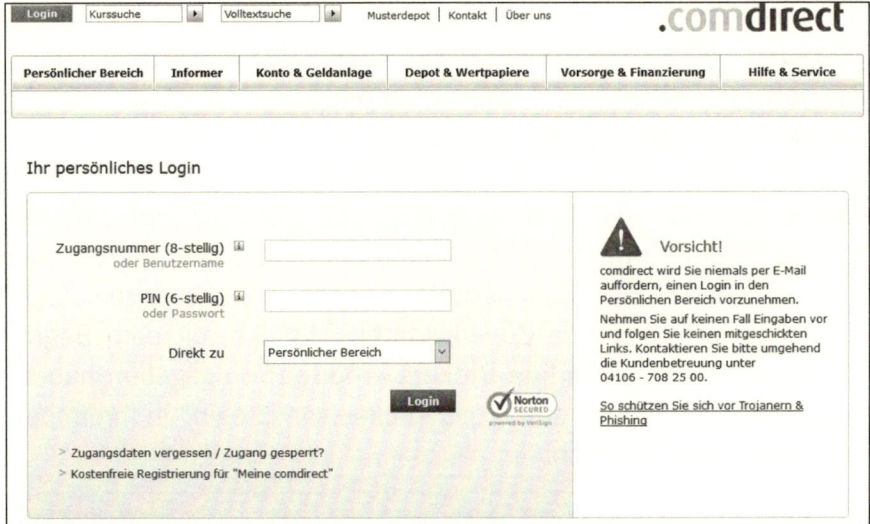

Sie sehen dann Ihre „Kommandozentrale" mit Zugriff auf alle wichtigen Informationen (unter anderem auch auf Ihre Ordermaske).

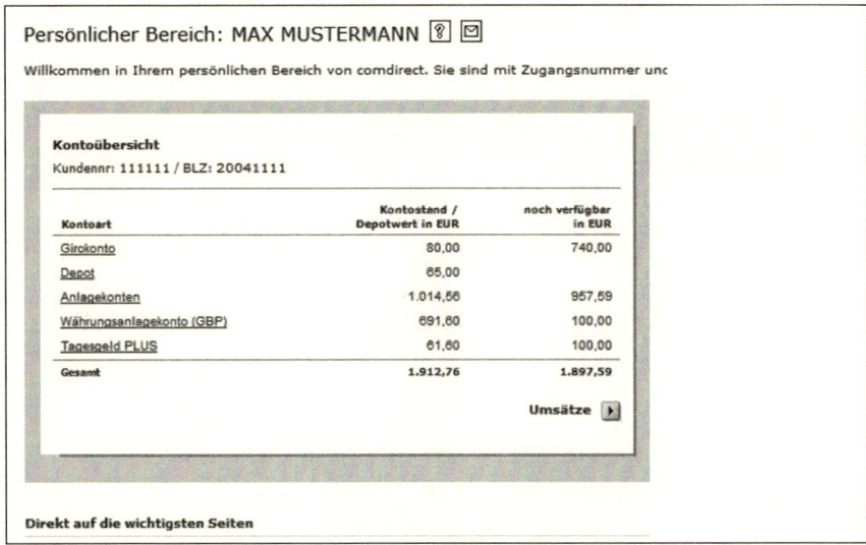

Die Schritt-für-Schritt-Anleitung: So funktioniert Ihr erster Aktienkauf

Diese erreichen Sie durch den Klick auf „Inlandsorder" oder beim Handel von US-Werten durch den Link „US-Order". Sobald Sie „Inlandsorder" mit der Maus aktiviert haben, öffnet sich Ihre Ordermaske. So ist es zumindest bei .comdirect. Bei anderen Brokern werden sich aber nach meiner Erfahrung keine allzu großen Unterschiede ergeben.

Schritt 3:
Füllen Sie die Ordermaske aus

Im nächsten Schritt brauchen Sie nur „Kauf" oder „Verkauf" zu aktivieren (das hängt davon ab, ob Sie Aktien kaufen oder verkaufen

Teil 3

wollen). Nachdem Sie dies festgelegt haben, müssen Sie Ihrem Broker natürlich noch mitteilen, was Sie kaufen oder verkaufen wollen.

Das tun Sie, indem Sie die „WKN" (das ist die nationale Wertpapierkennnummer) oder die „ISIN" (das ist die internationale Wertpapierkennnummer) der Aktie eingeben. Im „Mittelstands-Depot" nenne ich Ihnen bei jeder Empfehlung jeweils beide Kennnummern.

Danach müssen Sie die von Ihnen gewünschte Stückzahl angeben. Wichtig ist, dass Sie sich dabei stets vor Augen halten, dass nicht der Betrag, den Sie investieren wollen, gefragt ist, sondern die Anzahl der Aktien, die Sie kaufen möchten. Sie sollten die Stückzahl am Ende unbedingt noch einmal kontrollieren, da ein Zahlendreher die Anlagesumme in beträchtlichem Ausmaß verändern kann.

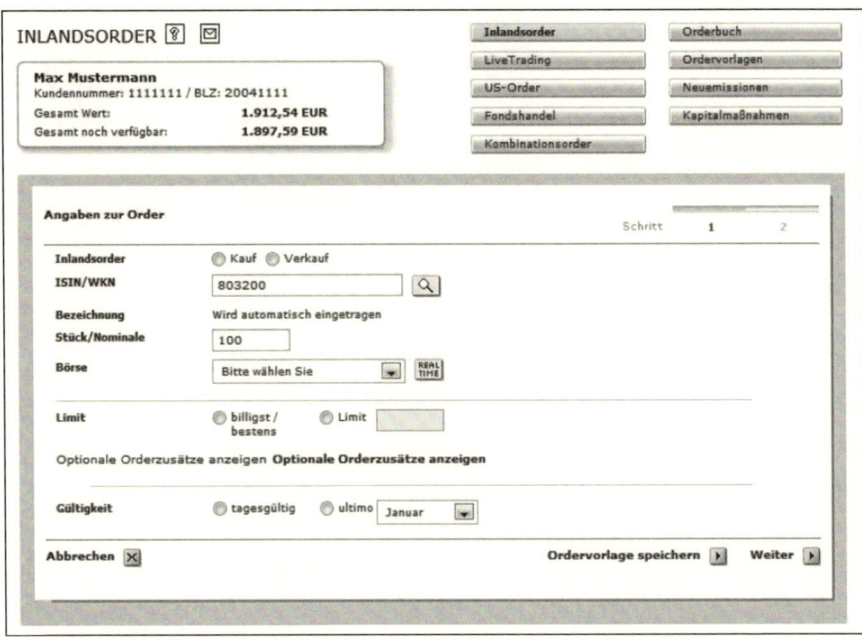

Die Schritt-für-Schritt-Anleitung: So funktioniert Ihr erster Aktienkauf

Außerdem kann es vorkommen, das Sie anstelle einer „20" eine „200" oder gar eine „2000" eintippen. Daher sollten Sie diese Eingabe unbedingt doppelt überprüfen.

Geben Sie nun im nächsten Schritt den gewünschten Börsenplatz an. Keine Sorge: Im Rahmen meiner Empfehlungen gebe ich stets einen Börsenplatz mit an. Wenn Sie sich dazu entschließen, andere Aktien zu kaufen oder zu verkaufen, sollten Sie darauf achten, dass der Börsenplatz, den Sie wählen, ausreichend liquide ist. Das bedeutet, dass Sie sicherstellen sollten, dass die Aktie an dem von Ihnen gewählten Börsenplatz in einem ausreichenden Volumen gehandelt wird.

Danach folgt die Eingabe der gewünschten Orderart. Bei der Orderart wird zwischen „billigst/bestens" und „Limit" unterschieden.

Achtung: Die Variante „billigst/bestens" ist sehr missverständlich und bedeutet nicht (wie oft fälschlicherweise angenommen), dass Sie einen besonders guten Kauf- oder Verkaufskurs erhalten, sondern, dass Ihre Order zum nächstmöglichen Kurs ausgeführt wird.

Mit der Variante „Limit" können Sie angeben, wie teuer die Aktie höchstens sein darf, bevor sie gekauft wird (Kauf-Limit). Im Fall des Verkaufs geben Sie so an, welche Schwelle der Verkaufskurs nicht unterschreiten darf (Verkaufs-Limit).

In diesem Zusammenhang können Sie ebenfalls bestimmen, wie lange das Limit Gültigkeit haben soll. Hier haben Sie die Wahl zwischen „tagesgültig" und ultimo des angegebenen Monats (= bis zum letzten Handelstag des Monats).

Teil 3

Natürlich werden Sie von uns im Zusammenhang mit meinen Empfehlungen mit allen hier abgefragten Details versorgt. Das Ausfüllen der Ordermaske nimmt dadurch bei Ihnen nur wenige Minuten in Anspruch.

Schritt 4:
Geben Sie Ihre Tan-Nummer ein

Wenn Sie alle Daten eingegeben haben und auf „Weiter" klicken (das wird bei nahezu allen Online-Brokern so der Fall sein), öffnet sich ein Feld mit der Zusammenfassung aller Angaben und der Möglichkeit, eine TAN-Nummer einzugeben (auch das wird bei nahezu allen Online-Brokern der Fall sein). Dabei wird Ihnen auch mitgeteilt, welche TAN aus der Liste, die Sie zuvor erhalten haben, zu verwenden ist.

TAN eingeben		Schritt 1 2
Inlandsorder	Kauf	
ISIN/WKN	DE0008032004 / 803200	
Bezeichnung	Commerzbank AG Inhaber-Aktien o.N.	
Stück	100	
Börse	Xetra	
Limit	billigst	
Orderzusatz	ohne Orderzusatz	
Gültigkeit	tagesgültig	
Handelshinweis	ohne Handelshinweis	
Telefonnummer für Rückfragen	000/000000	

Vorläufiger ausmachender Betrag
Für Ihre Order wird ein vorläufiger Wert von EUR 1.718,00 disponiert.
Ihre Eingaben sind in Ordnung.
Bitte klicken Sie auf **Freigeben**, um Ihre Order zu bestätigen.

Freigabe durch iTAN mit der laufenden Nummer 36: [   ]

Abbrechen ☒   ◀ Zurück   Freigeben ▶

Die Schritt-für-Schritt-Anleitung: So funktioniert Ihr erster Aktienkauf

Schritt 5:
Schicken Sie Ihre Order jetzt an die Börse

Nach Eingabe der TAN und dem Klick auf „Freigeben" wird Ihre Order sofort an die Börse weitergeleitet und Sie erhalten eine Bestätigung (auch diese Prozedur dürfte bei fast allen Online-Brokern ähnlich sein).

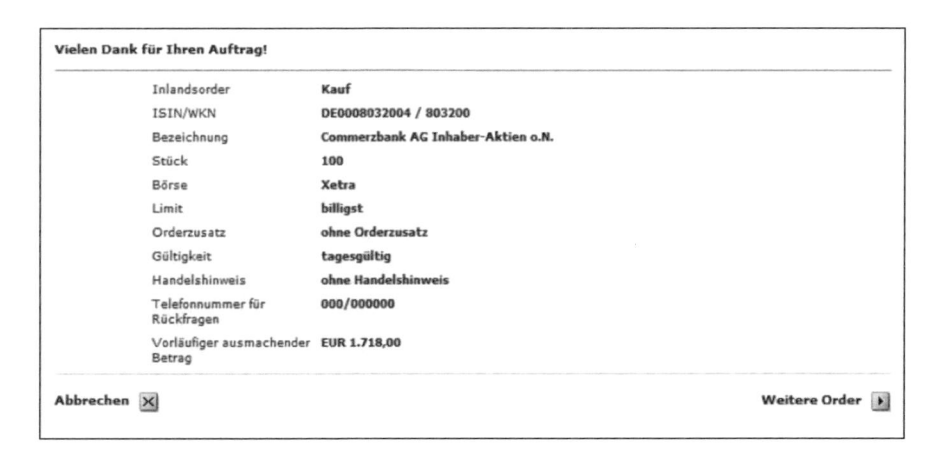

Vielen Dank für Ihren Auftrag!	
Inlandsorder	**Kauf**
ISIN/WKN	DE0008032004 / 803200
Bezeichnung	Commerzbank AG Inhaber-Aktien o.N.
Stück	100
Börse	Xetra
Limit	**billigst**
Orderzusatz	ohne Orderzusatz
Gültigkeit	**tagesgültig**
Handelshinweis	ohne Handelshinweis
Telefonnummer für Rückfragen	000/000000
Vorläufiger ausmachender Betrag	EUR 1.718,00
Abbrechen ☒	Weitere Order ▶

Teil 4
Die richtige Orderart
für Ihren Aktienkauf

Teil 4

Wenn Sie über Ihre Bank oder Ihren Online-Broker einen Wertpapierauftrag aufgeben, sollten Sie sich darüber im Klaren sein, dass dieser nicht in jedem Fall 1:1 umgesetzt werden kann. Vielmehr hängen Art und Umfang der Ausführung des Auftrages davon ab, ob potenzielle Handelspartner für das gewünschte Geschäft bereitstehen, in welchem Volumen entgegengesetzte Aufträge vorliegen und wie sich der Markt kurzfristig entwickelt.

Im konkreten Einzelfall kann es deshalb vorkommen, dass Ihre Order zwar ausgeführt wird, jedoch mit einem anderen Ergebnis als von Ihnen gewünscht. So sind Teilausführungen möglich, oder die Order kann zu einem Preis ausgeführt werden, den Sie ursprünglich gar nicht wollten, weil sich der Kurs inzwischen anders entwickelt hat als von Ihnen erwartet. Dies kann vor allem bei Aktien der Fall sein, die relativ selten an der Börse gehandelt werden. Denn wenn Aktien eines börsennotierten Unternehmens üblicherweise nur in kleineren Stückzahlen täglich gehandelt werden, können größere Kauf- oder Verkaufs-Orders den Kurs relativ stark nach oben oder nach unten beeinflussen.

Um die Ausführung einer Order nicht dem Zufall zu überlassen und unerwünschten Resultaten vorzubeugen, gibt es eine Reihe unterschiedlicher Orderarten (beziehungsweise Orderzusätze), mit denen Sie festlegen können, wie Ihr Auftrag ausgeführt werden soll.

Ein Grundwissen über die verschiedenen Orderarten und -zusätze ist vor allem dann notwendig, wenn – wie heute weit verbreitet – elektronische Handelsplattformen genutzt werden. Daher möchte ich Ihnen jetzt die wichtigsten Orderarten und -zusätze näher vorstellen und Ihnen die optimalen Einsatzmöglichkeiten aufzeigen.

Die richtige Orderart für Ihren Aktienkauf

Ob Sie diese Orderarten nutzen können, hängt natürlich auch vom gewählten Broker ab. Ein guter Broker sollte möglichst viele dieser Orderarten anbieten und wenn möglich auch Änderungen und Löschungen von Order-Aufträgen kostenlos durchführen.

Die Market-Order

Eine Market-Order wird zum nächstmöglichen Kurs ausgeführt und die Aktie wird ge- oder verkauft. Bei dieser Orderart geben Sie also kein Limit vor. Die Market-Order kann in engen Märkten (wenig Handel -> also wenig Angebot und Nachfrage) und bei volatilen Bewegungen (große Wertschwankungen) jedoch schnell zu Ihren Ungunsten laufen. Das bedeutet, dass Ihnen in diesen Fällen – wie in der Einleitung schon angedeutet – der Kurs nach oben oder unten davonlaufen kann. Die Folge wäre, dass Sie die Aktie „zu teuer" oder zumindest teurer als gewollt einkaufen, oder aber zu billig verkaufen. Daher ist es für Sie oft besser, eine Limit-Order mit einem etwas größeren Abstand zu den aktuell gehandelten Kursen zu platzieren.

Die Limit-Order

Bei der Limit-Order geben Sie im Gegensatz zur Market-Order ein Limit (Preisgrenze) an. Eine Kauforder wird ausgeführt, wenn die Durchführung zu dem von Ihnen als Limit angegebenen Preis oder günstiger möglich ist. Eine Verkaufsorder wird ausgeführt, wenn die Durchführung zu dem von Ihnen als Limit angegebenen Preis oder teurer möglich ist.

Teil 4

Die Stop-Buy-Order

Wenn Sie eine Aktie kaufen wollen, sobald sie einen bestimmten Preis überschritten hat, z. B. weil ein charttechnischer Widerstand gebrochen wurde, können Sie die Stop-Buy-Order einsetzen. Unter einem charttechnischen Widerstand ist eine bestimmte Kursmarke zu verstehen, die aus charttechnischer Sicht ein Kaufsignal darstellt.

Da ich für meine Empfehlungen im Rahmen des „Mittelstands-Depots" allerdings keine charttechnischen Kauf- oder Verkaufssignale als Grundlage verwende, können Sie dies eher als Randnotiz betrachten. Im Falle einer Stop-Buy-Order wird Ihr Kaufauftrag ausgeführt, wenn ein Kurs auf oder über dem Stop-Buy-Limit festgestellt wird.

Ein fiktives Beispiel: Sie wollen die Aktie der Max Müller AG erst dann kaufen, wenn sie die 100-€-Marke überspringt. Ihre Order liegt dann im System und wird zum Kaufauftrag, sobald die Aktie auf 100 € (oder höher) klettert.

Die Stop-Loss-Order

Die Stop-Loss-Order ist eines der wichtigsten Instrumente zur Vermeidung von Verlusten und zur Absicherung von Gewinnen. Das Stop-Loss-Limit liegt unter dem aktuellen Kurs. Wird ein Kurs auf oder unter dem Stop-Loss-Limit festgestellt, wird Ihre Aktie anschließend automatisch verkauft.

Die richtige Orderart für Ihren Aktienkauf

Das bedeutet, dass im Falle des Erreichens oder Unterschreitens der Stop-Loss-Marke ein Verkauf ohne Limit durchgeführt wird. Eine Stop-Loss-Marke sollten Sie deshalb nicht zu dicht unterhalb des aktuellen Kurses setzen.

Vor allem dann nicht, wenn es sich um recht schwankungsstarke Aktien handelt. Denn dann kann es sein, dass eine kurze Schwächephase reicht und Ihre Aktie die Stop-Loss-Marke erreicht und ungewollt verkauft wird. Daher sollte der Abstand zur Stop-Loss-Marke bei mindestens 5 bis 10% liegen.

Die O.C.O.-Order

O.C.O. bedeutet „One Cancels Other". Übersetzt bedeutet das: eine erfolgreiche Order löscht die andere Order. Wird ein Orderkriterium erfüllt, wird die alternative Order gelöscht.

Ein Beispiel: Sie besitzen eine Aktie und wollen diese durch eine Stop-Loss-Order gegen Verluste absichern. Gleichzeitig soll die Position geschlossen werden, wenn Ihr Kursziel erreicht wird. Je nachdem, welches Ereignis früher eintritt, wird eine Order ausgeführt und die andere gelöscht.

Die If-Done-Order

Bei der If-Done-Order (oder zu Deutsch: „wenn-dann"-Order) werden zwei Aufträge gekoppelt, ohne dass bereits eine Position besteht. Wenn Sie eine Aktie kaufen wollen, kann dies zum Beispiel eine

Limit-Order sein, die nach der Ausführung um eine Stop-Loss-Order ergänzt wird.

Sie können dadurch also eine Aktie mit einem bestimmten Limit (z. B. 50 €) kaufen und diese Position automatisch im Anschluss durch das Platzieren einer Stop-Loss-Marke nach unten absichern.

Die Trailing-Stop-Order

Der Trailing-Stop wird automatisch nachgezogen und sichert so immer größere Teile des aufgelaufenen Gewinns ab. Trailing-Stops können prozentual oder in absoluten Zahlen unter den festgestellten Höchst- oder Tiefstkursen angepasst werden.

Beispiel: Eine Aktie wird mit einem Trailing-Stop von 5 € ausgestattet. Mit jedem neuen Höchstkurs wird eine vorhandene Stop-Loss-Order so angepasst, dass das Stop-Loss-Limit 5 € unter dem neuen Höchstkurs der Aktie platziert wird.

Fazit: Limit-Order und Stop-Loss-Order für Sie am wichtigsten

Die gerade vorgestellten Orderformen und -zusätze stellen „nur" die aus meiner Sicht wichtigsten dar. Grundsätzlich gibt es noch einige andere Orderformen und -zusätze. Von den von mir vorgestellten Varianten sollten Sie vor allem die Limit-Order und die Stop-Loss-Order interessieren, da diese aus meiner Sicht für Sie die wichtigsten sind.

Teil 5
Die Order: Welcher Handelsplatz für Sie der richtige ist

Teil 5

Nachdem Sie erfahren haben, wie Sie den für Sie persönlich besten Online-Broker finden und wie Sie Ihre erste Aktien-Order platzieren können, sollen Sie jetzt noch erfahren, welche Börsenplätze es in Deutschland gibt und wie diese sich unterscheiden.

Auch wenn Sie nur eine einfache Wertpapierorder aufgeben wollen, finden Sie in der Ordermaske eine ganze Liste von Handelsplätzen. Es ist nicht immer einfach, daraus den richtigen herauszusuchen. Vor allem bei größeren Ordervolumina ist die Wahl des Handelsplatzes aber – neben den Transaktionskosten Ihrer Depotbank – durchaus ein Kostenfaktor. Denn dort wird der Preis gestellt. Wenn Sie wissen, worauf sich die einzelnen Börsen spezialisiert haben, finden Sie auch die Börse, die Ihnen in der Regel gute Konditionen bieten wird.

„Gute Konditionen" bedeutet:

- schnelle Ausführung,
- niedrige Spreads, also einen geringen Unterschied zwischen Kauf- und Verkaufskurse,
- möglichst wenige Teilausführungen.

Elektronische Börse oder Präsenzbörse?

Zunächst ein grundlegender Unterschied: Es gibt vollelektronische Börsen, wie der größte deutsche Handelsplatz Xetra, den die Deutsche Börse AG betreibt. Daneben gibt es auch sogenannte Präsenz- oder Parkettbörsen. Da kümmern sich noch Menschen um die bestmögliche Ausführung Ihrer Order – auch wenn das heutzutage eben-

Die Order: Welcher Handelsplatz für Sie der richtige ist

falls computergestützt abläuft. Zu den Präsenzbörsen gehören Frankfurt, Stuttgart, Hamburg-Hannover, München, Düsseldorf und Berlin.

Welche Börse ist nun für welche Wertpapierorder die beste? Hier ein kleiner Überblick darüber, was die einzelnen Börsen voneinander unterscheidet und wo die jeweiligen Schwerpunkte liegen.

Die elektronische Börse Xetra

Die meisten Wertpapierorders werden in Deutschland über Xetra abgewickelt, die elektronische Handelsplattform der Deutschen Börse AG in Frankfurt. 98% aller Wertpapiere aus dem deutschen Leitindex DAX laufen über Xetra. Egal ob große Ordervolumina oder kleine – Xetra wird spielend damit fertig. Eine Order uber Xetra ist häufig auch für Privatanleger die günstigste Lösung, denn die Provisionen sind niedrig.

Empfehlenswert ist Xetra vor allem bei:

- deutschen Standardwerten, also Aktien aus dem Leitindex DAX. Auch große Unternehmen aus dem MDAX und TecDAX lassen sich problemlos über Xetra ordern.
- besonders häufig gehandelten ausländischen Standardwerten. Das sind zumeist die Mitglieder ausländischer Leitindizes, also beispielsweise Nestlé oder Microsoft.
- Exchange Traded Funds (ETFs), also börsengehandelten Indexfonds.

Teil 5

Beachten Sie: Der Xetra-Handel endet um 17:30 Uhr

Der Handel beginnt bei allen Börsen in Deutschland einheitlich um 8:00 Uhr (Ausnahme: Xetra, Beginn 9:00 Uhr). Das Ende ist dagegen verschieden. Am Abend können Sie auf Xetra nur bis 17:30 Uhr ordern. Auf den Präsenzbörsen läuft der Handel dagegen bis 20:00 Uhr (Ausnahme: Stuttgart, bis 22:00 Uhr).

Was über Xetra läuft, ist trotzdem maßgeblich: Auch die Börsenkurse, die Ihnen spätabends noch in den Tagesthemen oder in der n-tv-Sendung „Telebörse" präsentiert werden, sind die Xetra-Schlusskurse von 17:45 Uhr (also nachdem alle Orders noch ausgeführt wurden).

Die Frankfurter Wertpapierbörse

Die bekannteste Präsenzbörse in Deutschland ist die Frankfurter Wertpapierbörse, die manchmal kurz auch einfach Börse Frankfurt genannt wird. Sie sehen sie jeden Abend in den Börsennachrichten im Fernsehen, denn von dort aus werden fast alle Börsenberichte in Deutschland gesendet.

Betrieben wird die Frankfurter Wertpapierbörse – wie Xetra – von der Deutschen Börse AG. Der Hauptvorteil der Frankfurter Wertpapierbörse sind die längeren Handelszeiten. Was Sie nach 17:30 Uhr nicht mehr über Xetra ordern können, lässt sich ohne Probleme bis 20:00 Uhr abends an der Frankfurter Wertpapierbörse ordern.

Die Order: Welcher Handelsplatz für Sie der richtige ist

Zur Frankfurter Wertpapierbörse gehört auch das Handelssegment „Scoach" für den Handel mit Derivaten, also mit Zertifikaten und Optionsscheinen.

Da hat eigentlich die Börse Stuttgart die Nase vorn. Aber Scoach in Frankfurt holt auf und bietet inzwischen ähnlich attraktive Bedingungen. Wenn Sie also beispielsweise ein Zertifikat ordern wollen, steht unter den Wahlmöglichkeiten des Handelsplatzes neben anderen Möglichkeiten die Angabe „Scoach".

Jetzt wissen Sie also, dass es sich dabei um die Frankfurter Wertpapierbörse handelt. Auch im börslichen Fondshandel hat die Börse Frankfurt aufgeholt. Spezialist dafür ist eigentlich die Börse Hamburg-Hannover.

Wie bei allen Wertpapieren gilt: Schauen Sie sich die Spreads an und entscheiden Sie sich für diejenige Börse mit dem geringeren Spread. Das ist dann die günstigste.

An der Frankfurter Wertpapierbörse ordern Sie vor allem:

- die Aktien hessischer Unternehmen, speziell kleiner und mittlerer Aktiengesellschaften. Für die ist die Frankfurter Wertpapierbörse in der Regel die Heimatbörse, wo die betreffenden Aktien am meisten gehandelt werden,
- nach 17:30 Uhr alles, was Sie vor Börsenschluss über Xetra ordern würden,
- Fonds, Zertifikate und Optionsscheine dann, wenn Frankfurt günstiger ist, sprich den geringeren Spread hat als die anderen Präsenzbörsen.

Teil 5

Die Börse Stuttgart (Euwax)

Die Börse Stuttgart ist auf Derivate spezialisiert, also auf abgeleitete Wertpapiere wie etwa Zertifikate und Optionsscheine. Nicht nur institutionelle Anleger (Banken, Fonds, Versicherungen), sondern auch Privatanleger bekommen dort üblicherweise ausgezeichnete Handelsbedingungen.

Ebenfalls hervorragend sind die Konditionen beim Kauf von Zinspapieren, also Anleihen, Genussscheinen und Pfandbriefen. Selbstverständlich erhalten Sie an der Stuttgarter Börse auch Aktien und Fonds.

Den Handelsplatz Stuttgart wählen Sie also in der Regel bei:

- den Aktien einiger Baden-Württembergischer Nebenwerte. Hier ist Stuttgart die Heimatbörse,
- Zertifikaten,
- Optionsscheinen,
- Anleihen und sonstigen Zinspapieren,
- Aktien von Schweizer Unternehmen, sofern sie dort gelistet sind. Das ist nämlich von Deutschland aus meist billiger als der Kauf an der Schweizer Borse Swiss Exchange (Auslandsbörsen sind immer teurer).

Besonderheit: eine Stop-Loss-Order, die sich automatisch anpasst
Die Börse Stuttgart hat eine besondere Orderart, den sogenannten Trailing-Stop-Loss. Das ist eine Stop-Loss-Order, die sich automatisch an steigende Kurse anpasst und deshalb nicht immer wieder manuell verändert werden muss. Mehr dazu in Teil 4: „Die richtige Orderart für Ihren Aktienkauf."

Die Order: Welcher Handelsplatz für Sie der richtige ist

Die Börse Hamburg-Hannover

Auch Fonds können Sie über eine Börse kaufen. Darauf hat sich besonders die Börse Hamburg-Hannover spezialisiert. Während Sie früher Fondsanteile nur direkt bei den Fondsgesellschaften (Kapitalanlagegesellschaften KAG) ordern konnten, geht das heute problemlos direkt über eine Börse. Theoretisch sogar über jede Börse, aber Hamburg-Hannover ist hier führend.

In Hamburg-Hannover kaufen Sie vorrangig:

- Fondsanteile (mit Ausnahme von ETFs, da ist Xetra meist die bessere Wahl),
- Aktien kleiner und mittelgroßer norddeutscher Unternehmen, die nicht im DAX notiert sind,
- Aktien von Hafenbetreibern, Schifffahrts- und Schiffbauunternehmen sowie von Unternehmen, die in diesem Bereich für eine Finanzierung sorgen.

Achten Sie aber auf den Spread, der fällt bei Xetra sowie in Frankfurt, Düsseldorf, Stuttgart, Berlin oder München manchmal durchaus günstiger aus.

Die Börse München

Was die Besonderheit an München ist, lässt sich nicht so klar definieren wie etwa bei Stuttgart oder Hamburg-Hannover. Die Münchener Börse hat sich im Wesentlichen auf kleine und mittlere Aktiengesellschaften spezialisiert, also auf Nebenwerte.

Teil 5

Eine Besonderheit ergibt sich aus der Nähe zu Österreich: Wenn Sie aus Kostengründen die in Deutschland teurere Wiener Börse vermeiden möchten, ist München eine empfehlenswerte Alternative.

In München kaufen Sie also:

- Aktien von bayerischen Aktiengesellschaften, besonders von kleinen und mittelgroßen AGs,
- Aktien von österreichischen Aktiengesellschaften.

Und natürlich sollten Sie auch beim Kauf von Fonds, Anleihen, Optionsscheinen und Zertifikaten immer beobachten, ob in München nicht wider Erwarten ein besonders günstiger Kurs beziehungsweise niedriger Spread vorherrscht.

Die Börse Düsseldorf

Die Düsseldorfer Börse hat sich nicht auf bestimmte Wertpapiere spezialisiert. Interessant ist sie aber durchaus für Privatanleger, weil sie speziell diese Zielgruppe anvisiert und oft günstige Bedingungen bietet.

Den Handelsplatz Düsseldorf wählen Sie aus:

- bei kleineren oder mittleren Unternehmen aus Nordrhein-Westfalen,
- bei Fonds, als oft günstigere Alternative zur „Fondsbörse" Hamburg. Vergleichen Sie einfach den Spread und entscheiden Sie sich für die Börse, die am billigsten ist.

Die Order: Welcher Handelsplatz für Sie der richtige ist

Die Börse Berlin

Die Börse Berlin ist die letzte der Präsenzbörsen.

Sie ist für Privatanleger interessant:

- Bei Auslandsaktien: Ob chinesische oder US-amerikanische Aktiengesellschaften – sehr viele Standardwerte und große Nebenwerte sind in Berlin gelistet. So sind beispielsweise sämtliche Mitglieder des US-Technologieindex Nasdaq an der Berliner Börse erhältlich. Sie sparen Geld, wenn Sie die Papiere über die Börse Berlin ordern, anstatt bei der teuren, ausländischen Heimatbörse.
- Bei Fonds: Auch hier hat die Berliner Börse einen Schwerpunkt und ist manchmal eine günstige Alternative zu Hamburg oder Düsseldorf.

Meine Tipps zur Wahl des Börsenplatzes

1. Nehmen Sie niemals ohne Überprüfung den Handelsplatz, den Ihre Direktbank in der Ordermaske voreingestellt hat. Oft ist das der ungünstige Direkthandel. Auch gibt es (unbestätigte) Gerüchte, dass bestimmte Banken mit bestimmten Börsen kooperieren und Provisionen dafür bekommen, wenn sie ihre Orders über diesen Handelsplatz abwickeln.

2. Glauben Sie nicht der Aussage „Das geht nicht". Dies betrifft vor allem die Kunden von Filialbanken. Bankberater verschweigen gern, dass Sie auch beim Handelsplatz die freie Auswahl haben.

Teil 5

Aber es ist tatsächlich so: Verlangen Sie ausdrücklich eine bestimmte Börse, dann muss Ihr Wertpapierberater Ihrem Wunsch auch folgen. Sträubt er sich, dann wahrscheinlich aus Provisionsinteressen.

3. Vergleichen Sie auch die einzelnen Börsen untereinander, auch wenn das zunächst komplex erscheint. Prinzipiell gilt: Je größer das Ordervolumen, desto wichtiger die Auswahl des Handelsplatzes. Bei Aktien bietet der aktuelle Umsatz mit dem betreffenden Wertpapier einen guten Anhaltspunkt: Je liquider eine Aktie an einer bestimmten Börse ist (je reger sie gehandelt wird), desto eher werden Sie dort einen fairen Preis bekommen.

**Teil 6
Welche Aktien des „Mittelstands-Depots"
Sie zuerst kaufen sollten
und wie danach vorzugehen ist**

Teil 6

Nachdem Sie erfahren haben, wie Sie den für sich richtigen Online-Broker finden und wie der Aktienkauf über einen Online-Broker funktioniert, möchte ich Ihnen jetzt schildern, was als nächstes zu tun ist.

Ich empfehle Ihnen, das „Mittelstands-Depot" Schritt für Schritt nachzubilden und dabei zuerst die Aktien zu kaufen, bei denen der aktuelle Kurs unterhalb des von mir angegebenen Kauf-Limits liegt. Alle Daten, die Sie zum Kauf benötigen, finden Sie in den Depot-Tabellen, die in jeder Wochenausgabe des „Mittelstands-Depots" enthalten sind.

Dabei sollten Sie nicht darauf achten, ob die Aktie bislang 5 oder 50% im Plus liegt oder ob die Aktie im Minus liegt. Mit anderen Worten: Wie die jeweiligen Aktien bislang abgeschnitten haben, sollte Ihnen völlig egal sein! Denn: Es kommt einzig und allein darauf an, wie sich die Aktie in Zukunft entwickeln wird. Wenn der aktuelle Kurs unterhalb des von mir angegebenen Kauf-Limits liegt, können Sie davon ausgehen, dass die Aktie weiterhin über deutliches Gewinnpotenzial verfügt.

So bauen Sie Ihr Depot Schritt für Schritt auf

Ihr Depot Schritt für Schritt aufzubauen bedeutet, dass Sie nicht alle Aktien auf einmal kaufen müssen. **Starten Sie beispielsweise mit der „Aktie des Monats".** Danach können Sie schrittweise Ihr Depot aufstocken, indem Sie nach und nach die restlichen Positionen des „Mittelstands-Depots" nachbilden.

Welche Aktien des „Mittelstands-Depots" Sie zuerst kaufen sollten

Zu den einzelnen Depots: Die Positionen im **Basis-Depot** sind etwas konservativer. Ich lege Wert darauf, dass die Unternehmen aus dem Basis-Depot über eine für Sie als Aktionäre attraktive Ausschüttungspolitik verfügen. Die Unternehmen, die ich im Rahmen des Basis-Depots empfehle schütten stetig Dividenden aus und erhöhen diese in den meisten Fällen regelmäßig. Das Depot ist langfristig ausgerichtet.

Das **Chancen-Depot** beinhaltet etwas spekulativere Empfehlungen, bei denen ich mehr Wert auf Wachstum als auf eine attraktive Ausschüttungspolitik lege. Hier können Sie daher mit größeren Wertzuwächsen als beim Basis-Depot rechnen. Das Chancen-Depot ist mittelfristig (das bedeutet auf Sicht von 2 bis 3 Jahren) ausgelegt. Daraus ergibt sich, dass die Aktien in diesem Depot in der Regel maximal 2 bis 3 Jahre gehalten werden.

Das **Trading-Depot** ist das spekulativste Depot. Hier empfehle ich Hebelpapiere auf Top-Mittelstandsaktien sowie Aktien von mittelständischen Unternehmen, die sich in Sondersituationen (Übernahmen, Turnaround-Kandidaten etc.) befinden. Mein Ziel in diesem Depot ist es, innerhalb von wenigen Monaten möglichst hohe zweistellige oder gar dreistellige Gewinne zu erzielen. Allerdings beinhalten die Investments in diesem Depot auch größere Risiken als die in den beiden anderen Depots.

Sie können sich also mithilfe der drei unterschiedlichen Depots Ihr eigenes Depot zusammenstellen, das komplett Ihrem ganz individuellen Risikoprofil entspricht. Wenn Sie beispielsweise das Basis-Depot etwas höher gewichten, ist Ihr Depot etwas konservativer ausgerichtet. Gewichten Sie das Chancen-Depot höher als das

Basis-Depot, so ist Ihr Depot etwas risikofreudiger ausgerichtet. So oder so sollten Sie aber möglichst viele Positionen aus dem „Mittelstands-Depot" abdecken, da Sie somit am besten von den Vorzügen dieses Dienstes profitieren können und zudem eine bessere Risikostreuung in Ihrem Depot haben.

Teil 7
Die 10 gefährlichsten Fehler rund um den Kauf von Aktien

Teil 7

Eine Untersuchung, die wir vor kurzem unter Anlegern durchgeführt haben, brachte Erschreckendes ans Tageslicht: Viele der Befragen gaben an, dass Ihre Gewinne an der Börse bisher äußerst bescheiden waren. Die große Mehrheit musste sogar eingestehen, dass sie bei ihren Aktien-Investments nur draufgezahlt hat.

US-Analyst Larry Williams beschäftigt sich seit 40 Jahren mit diesem Thema. Er schätzt: Über 80% der Anleger machen in ihrem „Börsenleben" vorwiegend Verluste.

Woran liegt das? Ganz einfach: An der Tatsache, dass private Anleger immer wieder typische Fehler begehen. Die tückischsten Fehler haben wir für Sie im Folgenden zusammengestellt, damit Sie diese aktiv vermeiden können.

Informieren Sie sich am besten gleich über die Gefahren. Und umgehen Sie diese Fallen. Sie können sicher sein: Sie werden weniger Verluste machen – und Ihre Ergebnisse bei Aktienanlagen deutlich verbessern.

Fehler Nummer 1:
Sie investieren einseitig

Diesen Fehler begehen leider die meisten Börsianer: Sie kaufen fast nur Aktien aus einer bestimmten Branche, weil sie diese für besonders aussichtsreich halten. Doch hauptsächlich auf IT-, Biotech-, Solar-Aktien oder Ähnliches zu setzen, ist tödlich. Stürzt der Bereich ab, sind alle Papiere betroffen. So war das beispielsweise bei IT-Werten während des dot.com-Crashs 2000–2002. Anleger machten

Verluste von 80%, 90% und mehr: Diese Abstürze ziehen die Depots vieler Investoren bis heute nach unten.

Deshalb: Streuen Sie Ihr Risiko. Investieren Sie in Aktien von Unternehmen aus verschiedenen Branchen. Zum Beispiel:

- Technologie
- Pharma/Gesundheit
- Energie
- Rohstoffe
- Nahrungsmittel ...

Fehler Nummer 2:
Sie „verlieben" sich in eine Aktie

Haben auch Sie eine „Lieblingsaktie"? Dann geht es Ihnen wie den meisten Anlegern: Sie investieren überdurchschnittlich viel Geld in einen Titel. Weil sie Geschäftsmodell oder Produkte für besonders aussichtsreich halten. Oder weil ihnen das Papier schon gute Gewinne verschafft hat. Durch die emotionale Bindung verlieren Investoren aber häufig ihre Objektivität; sie halten dem Wert die Treue, selbst wenn er sich schwach entwickelt oder immer weiter absackt.

Mein Tipp: Stellen Sie auch Lieblingsaktien regelmäßig auf den Prüfstand! Analysieren Sie Zahlen und Fakten. Fällt die Bewertung schlecht aus oder erfüllt die Aktie die Erwartungen nicht, trennen Sie sich von ihr!

Teil 7

Fehler Nummer 3:
Sie verzichten komplett auf Stop-Loss-Marken

Wenn der Gesamtmarkt nach unten abtaucht, können auch Aktien von kerngesunden Unternehmen für eine bestimmte Zeit unter Druck geraten und Kursverluste aufweisen. Ob in einer solchen Situation ein Verkauf ratsam ist, muss von Fall zu Fall geprüft werden. Das gilt auch für den Einsatz von automatischen Stop-Loss-Marken. Eine solche Stop-Loss-Order löst automatisch einen Verkauf der Position aus, wenn ein festgelegter Kurs erreicht oder unterschritten wurde.

Anders sieht es bei Hebel-Instrumenten wie Optionsscheinen und Hebel-Zertifikaten aus. Diese Instrumente sollten Sie immer mit Stop-Loss-Marken absichern.

Die Gründe: Anders als bei Aktien können Sie eine Kursschwäche nicht einfach „aussitzen". Optionsscheine haben eine begrenzte Laufzeit und werden dann automatisch abgerechnet. Hebel-Zertifikate besitzen eine „Knock-out-Schwelle". Wird diese Marke erreicht, tritt der Totalverlust ein. Daher sollten Sie auf jeden Fall vorher (mit Hilfe von Stop-Loss-Marken) verkaufen.

Mit dieser Absicherung vermeiden Sie hohe Verluste und begrenzen das Risiko.

Fehler Nummer 4:
Sie „verbilligen" Ihren Einstiegskurs

Wenn Anleger eine Aktie für 40 € gekauft haben und der Kurs auf 20 € fällt, wollen sie oftmals für 20 € nachkaufen und so den Einstandskurs auf 30 € verbilligen. Der Hintergrund: Wenn Sie erst 40 € und dann 20 € ausgegeben haben und jeweils gleiche Summen investierten, sinkt der durchschnittliche Einstiegskurs auf 30 €, denn dies ist der Mittelwert zwischen 40 € und 20 €.

Die Überlegung ist sicherlich nachvollziehbar, in den meisten Fällen ist ein solches Vorgehen jedoch ein Fehler. Zumindest sollten Sie so nicht handeln, wenn der einzige Grund für die Handlung die „Verbilligung" des Einstiegskurses ist. Wenn Sie jedoch die entsprechende Aktienposition ohnehin aufstocken wollten und die Aktie für vergleichsweise besonders chancenreich halten, kann ein Nachkauf eine sinnvolle Maßnahme sein.

Fehler Nummer 5:
Sie haben über zwei Dutzend Papiere im Depot

Mehr als 10 bis 20 Aktien sollten Sie als privater Anleger nicht halten. Sonst verlieren Sie schlicht und einfach den Überblick. Und Sie laufen Gefahr, wichtige Nachrichten und Zahlen zu Ihren Aktien zu verpassen. Grundvoraussetzung für Erfolg an der Börse ist jedoch, sich über die Werte im Depot ständig auf dem Laufenden zu halten.

Teil 7

An dieser Stelle ein passendes Zitat der Börsenlegende Warren Buffett: „Konzentrieren Sie Ihre Investments. Wenn Sie über einen Harem mit vierzig Frauen verfügen, lernen Sie keine richtig kennen."

Fehler Nummer 6:
Sie nehmen „Geheimtipps" ernst

Solche „todsicheren" Tipps kommen häufig aus dem Freundes- und Bekanntenkreis. Und deshalb ist die provokante Frage durchaus erlaubt: Mit welchem Recht empfiehlt der Freund oder Bekannte Ihnen Wertpapiere? In der Regel geht er einem Beruf nach, beschäftigt sich nur hin und wieder mit Aktien. Kann man sich unter diesen Umständen Wissen aneignen, das einen dazu berechtigt, Aktien-Empfehlungen abzugeben? Wohl kaum!

Sie sollten auch gegenüber „heißen Tipps" von Börsenmagazinen oder -zeitungen skeptisch bleiben. Bedenken Sie: Diese Medien müssen zum Teil Woche für Woche über 100 Seiten füllen. Empfehlungen werden daher leichtfertig ausgesprochen. Analysen kommen zu kurz.

Bevor Sie einen „Geheimtipp" kaufen, sollten Sie sich alle Informationen besorgen, die zu der jeweiligen Aktie verfügbar sind. Schauen Sie sich an, wie die diversen Börsenpublikationen den Titel beurteilen. Lesen Sie die im Internet verfügbaren Nachrichten (News finden Sie z.B. bei www.onvista.de unter dem Chart der jeweiligen Aktie) und sehen Sie sich die Bewertungen von Analysten an. Wichtig: Bleiben Sie auch bei sehr positiven Beurteilungen skeptisch.

Die 10 gefährlichsten Fehler rund um den Kauf von Aktien

Die Aussichten von Aktien werden normalerweise immer eine Spur zu positiv eingeschätzt.

Auch hier ein passendes Zitat von Warren Buffett, des wohl erfolgreichsten Investors aller Zeiten: „Wer sich nach den Tipps von Brokern richtet, kann auch einen Friseur fragen, ob er einen neuen Haarschnitt empfiehlt."

Fehler Nummer 7:
Sie kaufen leichtfertig „Trend-Aktien"

Insbesondere Magazine machen ihre Leser regelmäßig heiß auf die „Mega-Trends" der Zukunft. Das hat durchaus seine Berechtigung. Wer Entwicklungen frühzeitig erkennt und die richtigen Papiere kauft, kann viel Geld verdienen. Das Problem: Die Magazine empfehlen oft wahllos und sehr unkritisch Aktien aus dem „angesagten" Bereich.

Börsen-Trends haben jedoch eine Gesetzmäßigkeit: Nur wenige Unternehmen setzen sich im entsprechenden Sektor durch. Im Laufe der Zeit verschwinden die meisten AGs vom Markt oder versinken zumindest in der Bedeutungslosigkeit.

Fehler Nummer 8:
Sie vertrauen Ihrem Bank-„Berater"

Noch immer halten viele Börsianer ihren Banker für einen „Berater". Das ist er aber beileibe nicht. Vielmehr soll Ihnen Ihr Ansprechpartner bei der Bank Produkte des Geldhauses andrehen. Zum Beispiel Aktien von Unternehmen, an denen das Kreditinstitut beteiligt ist.

Das Schlimme dabei: Die Banker wissen, dass sie ihren Kunden Schaden zufügen. Aber sie können nicht anders: Sie stehen massiv unter Druck. Bei vielen Instituten ist genau vorgeschrieben, wie viele Produkte die Mitarbeiter in einem bestimmten Zeitraum abzusetzen haben. Die „Berater" der Berliner SEB-Bank etwa müssen pro Tag mindestens ein 10.000-€-Zertifikat an den Mann bringen.

Damit die Ziele erreicht werden, greifen die Bank-Oberen zu fiesen Mitteln. Ein Beispiel: Bei der HypoVereinsbank werden Verkaufs-Ranglisten der Mitarbeiter öffentlich aufgehängt. Wer schlecht abschneidet, muss mit dem Spott und Druck der Kollegen rechnen. Wer häufig hinten liegt, steht auf der Abschussliste.

Konsequenz für Sie: Glauben Sie Ihrem „Berater" kein Wort!

Fehler Nummer 9:
Sie kaufen, wenn alle kaufen

1999/2000 konnte man sich fast mit jedermann über Aktien unterhalten. Für erfahrene Börsianer war damals klar: Jetzt ist es Zeit zu verkaufen. Denn die Vergangenheit zeigt: Wenn der Nachbar beim Gespräch über den Gartenzaun plötzlich auch über Aktien redet und die Bild-Zeitung Wertpapiere empfiehlt, ist die Endphase einer Hausse angebrochen. Dann hat auch der letzte von den enormen Chancen an der Börse gehört und möchte dort Gewinne erzielen. Ziehen Sie in diesen Phasen die Reißleine und nehmen Sie Gewinne mit!

Fehler Nummer 10:
Sie investieren Geld, das Sie eigentlich zum Leben brauchen

Immer wieder kratzen Anleger auch ihre letzten Cents zusammen, um sie in Aktien zu investieren. Oft geht es um eine „todsichere" Sache. Manche Börsianer leihen sich sogar Geld zu hohen Zinsen, um damit zu spekulieren. Dass solche Aktionen regelmäßig in die Hose gehen, belegt die Börsengeschichte. Deshalb: Investieren Sie nur Geld, das Sie in nächster Zeit nicht benötigen!

**Teil 8
Die wichtigsten
Aktienkennzahlen**

Teil 8

Abschließend möchte ich Ihnen jetzt noch einen Überblick über die aus meiner Sicht wichtigsten Aktienkennzahlen geben. Diese sollen Ihnen dabei helfen, Unternehmen bzw. Aktien selbst bewerten zu können.

Kurs-Gewinn-Verhältnis (KGV)

Das wohl am häufigsten herangezogene Merkmal bei der Aktienbewertung ist das Kurs-Gewinn-Verhältnis (KGV). Es gibt an, mit welchem Vielfachen des Jahresgewinns ein Unternehmen an der Börse bewertet wird.

Richtgröße für ein günstiges KGV ist 10, der Marktdurchschnitt liegt bei rund 15. Grundsätzlich gilt: Ein niedriges KGV ist besser als ein hohes KGV. Aber: Ein niedriges KGV ist – isoliert betrachtet – allerdings nicht zwingend ein Kaufargument. Sind die zukünftigen Gewinnaussichten schlecht oder ist die Verschuldung zu hoch (Bilanzprobleme), bietet die Aktie wenig Kurspotenzial.

Die Kurs-Gewinn-Verhältnisse schwanken stark, je nachdem welche Branche, welches Land oder welches Jahr Sie betrachten. Gründe dafür sind die Chancen und Risiken, welche das Papier birgt, sowie das Zinsniveau und die Inflation.

$$KGV = \frac{Aktienkurs}{Gewinn\ pro\ Aktie}$$

Der Gewinn kann sich auf feststehende und auf erwartete Gewinne beziehen. In der Aktienanalyse, in der immer Schätzungen für die

Die wichtigsten Aktienkennzahlen

Zukunft betrachtet werden, spielt das KGV eine große Rolle. Aber Achtung: Das KGV ist in Fachkreisen nicht unumstritten. Der Grund: Der Jahresüberschuss, also die Grundlage der Berechnung, kann von den Unternehmen in die gewünschte Richtung gesteuert werden. Legale Bilanzierungstricks können vom Management genutzt werden, um den Jahresüberschuss zu beeinflussen. Speziell die Rückstellungen und Abschreibungen werden sehr gern zur „Feinjustierung" genutzt, um das gewünschte Ergebnis zu erhalten. Das KGV ist daher immer mit einer gewissen Vorsicht zu genießen.

Zudem muss man beachten, dass Gewinne nicht einfach so in die Zukunft fortgeschrieben werden können. Auswirkungen innerbetrieblicher Veränderungen sind ebenso zu beachten wie konjunkturzyklische Schwankungen sowie Veränderungen im Wettbewerb oder im Verbraucherverhalten. Auch Zinsentwicklungen und veränderte Produktlebenszyklen können eine Rolle spielen.

In einigen Branchen kommen noch völlig unberechenbare Faktoren wie Wetter und politische Entscheidungen hinzu.

Kurs-Cashflow-Verhältnis (KCV)

Ein objektiveres Bild von der Finanzkraft eines Unternehmens bietet der Cashflow. Das ist der Nettozugang an liquiden (flüssigen) Mitteln während einer festgelegten Periode; also zum Beispiel in einem Geschäftsjahr. Sie können den Cashflow berechnen, indem Sie zu dem um außerordentliche Faktoren bereinigten Jahresüberschuss die Abschreibungen auf das Anlagevermögen sowie Veränderungen der langfristigen Rückstellungen addieren.

Teil 8

Wie beim KGV gilt: Je niedriger das KCV, desto günstiger ist die Aktie bewertet (wobei stets mehrere Kennzahlen miteinander verglichen werden sollten). Besonders hellhörig sollten Sie werden, wenn KGV und KCV weit auseinander liegen oder sich in einer Peri-

$$KCV = \frac{Aktienkurs}{Cashflow\ pro\ Aktie}$$

ode unterschiedlich entwickelt haben.

Das KCV kann auch angewendet werden, wenn beim KGV wegen eines Verlustausweises keine sinnvolle Aussage möglich ist. Außerdem ist das KCV weniger anfällig für bilanztechnische Manipulationen, denn der Cashflow wird nicht von bilanzpolitischen Maßnahmen (Bildung und Auflösung stiller Reserven oder Veränderung von Zahlungszeiträumen) beeinflusst. Allerdings ist der Cashflow aufgrund von Stichtagsbetrachtungen des Umlaufvermögens und Investitionszyklen wesentlich stärkeren Schwankungen unterworfen als der Gewinn. Daher eignet er sich nicht dazu, das Ergebnis eines einzelnen Geschäftsjahres zu bewerten. Vielmehr muss er über mehrere Jahre hinweg ermittelt und betrachtet werden.

Price-Earning to Growth-Ratio (PEG)

Eine Erweiterung des KGVs ist das Price-Earnings to Growth-Ratio (PEG). Die Kennzahl setzt das KGV in Relation zum erwarteten

$$PEG = \frac{Kurs\text{-}Gewinn\text{-}Verhältnis}{Gewinnwachstum}$$

Gewinnwachstum.
Als Faustformel gilt: Das PEG ist günstig, wenn das KGV maximal so hoch ist wie das erwartete Gewinnwachstum. Sind KGV und Gewinnwachstum identisch, liegt das PEG bei 1. Bei einem PEG kleiner 1 gilt die Aktie als unterbewertet. Ist das PEG größer als 1, ist das ein Hinweis auf eine Überbewertung der Aktie. Allerdings sollte man das PEG eines Unternehmens unbedingt mit dem Branchendurchschnitt vergleichen.

Beachten Sie aber, dass sich das zukünftige Gewinnwachstum nicht immer aus den Zahlen der Vergangenheit herleiten lässt. Das gilt vor allem für zyklische Branchen. Speziell bei jungen Unternehmen kann der Gewinn negativ sein, sodass KGV und PEG keine sinnvolle Aussage zulassen.

Kurs-Umsatz-Verhältnis (KUV)

In diesem Fall empfiehlt es sich, das Kurs-Umsatz-Verhältnis zu betrachten. Es setzt den aktuellen Börsenwert der Aktie ins Verhältnis zu dessen Umsatz. Grundsätzlich gilt: Je niedriger das KUV,

$$KUV = \frac{Marktkapitalisierung}{Umsatz} \quad \text{oder} \quad \frac{Aktien\text{-}Kurs}{Umsatz\ je\ Aktie}$$

desto preiswerter die Aktie.
Beachten Sie, dass das KUV unabhängig vom Gewinn ermittelt wird. Es kann bei Unternehmen mit zyklisch schwankender Umsatzrendite ein geeigneteres Instrument sein als das Kurs-Gewinn-Verhältnis.

Teil 8

Kurs-Buchwert-Verhältnis (KBV)

Eine weitere Kennzahl, die Ihnen zeigt, ob ein Unternehmen günstig an der Börse bewertet ist, ist das Kurs-Buchwert-Verhältnis (KBV). Es gibt an, wie das Eigenkapital eines Unternehmens an der Borse bewertet wird. Besonders interessant sind Unternehmen, die ein KBV von unter 1 besitzen. Bei diesen Unternehmen ist der Substanzwert höher als der Börsenwert.

$$KBV = \frac{\text{Marktkapitalisierung}}{\text{Buchwert}} \quad \text{oder} \quad \frac{\text{Aktien-Kurs}}{\text{Buchwert je Aktie}}$$

Erzielt das Unternehmen zusätzlich Gewinne und hat auch ansonsten positive Aussichten, deutet ein KBV von unter 1 auf eine deutliche Unterbewertung hin. Schreibt das Unternehmen hingegen Verluste, ist ein Kursabschlag gerechtfertigt.

Beachten Sie: Das KBV berücksichtigt nur den Buchwert, der in der Bilanz ausgewiesen ist. Mögliche stille Reserven sowie stille Lasten werden nicht berücksichtigt. Insbesondere bei Immobilien- und Beteiligungsgesellschaften gibt das KBV daher häufig einen verfälschten Wert wieder. Auch hier gilt: Beachten Sie immer mehrere Kennzahlen gleichzeitig!

Dividendenrendite

Speziell im Frühjahr gewinnt die Dividendenrendite an Bedeutung. Der Grund: In den Monaten April und Mai finden die meisten Hauptversammlungen statt. Einen Tag nach der Hauptversammlung wird

Die wichtigsten Aktienkennzahlen

dann in der Regel die festgelegte Dividende an die Aktionäre ausgeschüttet. Die Dividende wird jedoch von vielen Anlegern unterschätzt. Langfristige Studien haben gezeigt, dass Sie mit Aktien Durchschnittsrenditen von 8 bis 10% erreichen können. Kursgewinne sind aber nur ein Bestandteil davon. Rund die Hälfte des Zuwachses ist den Dividenden zu verdanken. Zahlt ein Unternehmen regelmäßig Dividenden in Höhe von 4 bis 5% aus, haben Sie 50% des Potenzials schon erreicht.

Die Dividenden-Rendite wird wie folgt berechnet:

$$\text{Dividendenrendite (in \%)} = \frac{\text{Dividende je Aktie}}{\text{Aktienkurs}} \times 100$$

Bei DAX-Werten liegen die Dividendenrenditen gewöhnlich bei 2% bis 3%. Bei der Berechnung dieser Kennzahl gibt es jedoch ein methodisches Problem, das nicht immer befriedigend gelöst werden kann: Berücksichtigt man die zuletzt gezahlte Dividende oder die erwartete Dividende? Die erste Methode hat den Vorteil, dass die Zahlen dann gesichert sind.

Der Nachteil liegt auf der Hand: Aus der alten Dividende lässt sich nicht unbedingt auf die zukünftige Dividende schließen. Wählt man die erwartete Dividendenausschüttung, muss man immer damit rechnen, dass die erwartete von der tatsächlichen Ausschüttungshöhe abweicht.Die veröffentlichten Dividendenrenditen beziehen sich in der Regel auf den aktuellen Aktienkurs und die Dividende, die das Unternehmen zuletzt an die Aktionäre ausgezahlt hat. Hat ein Investor die Aktie günstiger als zum aktuellen Kurs gekauft, erhöht sich also seine persönliche Dividendenrendite und umgekehrt.

Über den Chefanalyst

Tobias Schöneich – Mittelstands-Experte

Der studierte Betriebswirt Tobias Schöneich ist ausgewiesener Experte in Sachen Mittelstands-Aktien und teilt sein Wissen als Chefanalyst im Börsendienst „Mittelstands-Depot".

Schon während des Studiums der Betriebswirtschaftslehre entwickelte Tobias Schöneich großes Interesse für Investitions- und Finanzierungsfragen von Unternehmen.

Tobias Schöneich
Chefanalyst
„Mittelstands-Depot"

Vor allem die Besonderheiten familiengeführter Mittelständler zogen ihn in seinen Bann. Nicht zuletzt, weil er aus einer Familie stammt, in der das Unternehmertum seit jeher eine große Rolle spielt.

Spezialisierung auf mittelständische Unternehmen
Schöneich vertiefte sich immer weiter in die Materie und wurde nach und nach zu einem ausgewiesenen Experten in Sachen Mittelstands-Aktien. Nach erfolgreich absolviertem Studium arbeitete der Hanseat bei einem der größten Börsenverlage Europas.

Als Produktmanager war er für Börsenbriefe verantwortlich, bei denen Mittelständler eine zentrale Rolle spielten. Um sich noch mehr auf dieses Thema konzentrieren zu können, machte sich Schöneich als freiberuflicher Analyst und Finanzjournalist selbstständig.

Über den Chefanalyst

Intensive Zusammenarbeit mit Rolf Morrien
Zufällig suchte in dieser Phase der renommierte Analyst Rolf Morrien nach einem Experten, der mit ihm die Depots seiner Börsendienste betreut. In Tobias Schöneich fand Morrien den perfekten Spezialisten für diese Aufgabe.

Im Laufe der Kooperation entstand die Idee eines Börsendienstes, der sich ausschließlich auf Aktien mittelständischer Unternehmen konzentriert. Denn diese Papiere entwickeln sich in aller Regel erheblich besser als „gängige" Aktien.

Mit dem „Mittelstands-Depot" riefen die beiden einen solchen Börsenbrief ins Leben. Tobias Schöneich ist Chefanalyst des Dienstes. Anleger profitieren damit nicht nur vom enormen Börsenwissen des Norddeutschen, sondern auch von der Genauigkeit im Umgang mit Zahlen.

Über den Verlag

Mit mehr als 25 Jahren Erfahrung in unabhängiger und konkreter Anlageberatung sind wir stets bestens gerüstet, Ihr Vermögen zu beflügeln. Seit 1987 schätzen unsere Kunden die qualitativ hochwertigen und unabhängigen Informationen unserer namhaften Experten, die in unserem Fachverlag ein Netzwerk aus über 50 Analysten und Redakteuren bilden – dies unter dem Dach des renommierten Verlags für die Deutsche Wirtschaft AG.
Die Beratungskompetenz unserer Fachleute geht durch alle Finanzbereiche – von festverzinslichen Wertpapieren über Aktien und Hebelprodukte bis hin zu Immobilien. Auch steuerliche und rechtliche Aspekte sowie wirtschaftspolitische Themen beleuchten wir regelmäßig und tiefgründig – mit Hinweisen auf deren Bedeutung für das Vermögen unserer Leser.

Wohlstand aufbauen und sichern
Es geht uns schon immer darum, das Vermögen unserer Kunden zu vermehren und zu sichern – flexibel und auf verschiedenste persönliche Bedürfnisse ausgerichtet. Dabei sind wir nur unseren Kunden verpflichtet und absolut unabhängig von Banken und anderen Finanzunternehmen.
Wir haben keine eigenen Finanzprodukte – anders als Banken, die z. B. ihre eigenen Fonds verkaufen wollen. Auch sind wir nicht abhängig von Werbegeldern und verdienen keine Provisionen, wenn wir bestimmte Instrumente empfehlen.
Unsere geldwerten Informationen, wie Börsenbriefe, Traderdienste und Finanznachrichten, publizieren wir sowohl in gedruckten Medien als auch in elektronischer Form im Internet und über E-Mail-Newsletter. Dabei unterliegen sämtliche Dienste strengen Qualitätskontrollen und einer unabhängigen Prüfung durch eine Wirtschaftsprüfungsgesellschaft.
Unabhängigkeit und Kompetenz führen dazu, dass unsere Kunden mit den von uns empfohlenen Kapitalanlagen den jeweiligen Vergleichsindex deutlich schlagen – anders, als das bei den meisten Anlageinstituten und Fonds der Fall ist.

Besuchen Sie uns auf **www.gevestor.de**

Mit GeVestor erstklassig beraten in die Zukunft!